Como ser anticapitalista no século XXI?

Como ser anticapitalista no século XXI?

Erik Olin Wright

TRADUÇÃO
Fernando Cauduro Pureza

© desta edição, Boitempo, 2019
© Erik Olin Wright, 2019

Traduzido do original em inglês *How to Be an Anticapitalist in the Twenty-First Century* (Londres/Nova York, Verso, 2019)

Direção editorial	Ivana Jinkings
Edição e preparação	Tiago Ferro
Tradução	Fernando Cauduro Pureza
Revisão técnica	João Alexandre Peschanski
Coordenação de produção	Livia Campos
Assistência	Thais Rimkus
Revisão	Livia Lima
Capa	Maikon Nery
Diagramação	Mika Matsuzake

Equipe de apoio Artur Renzo, Carolina Mercês, Clarissa Bongiovanni, Débora Rodrigues, Dharla Soares, Elaine Ramos, Frederico Indiani, Heleni Andrade, Higor Alves, Isabella Marcatti, Ivam Oliveira, Joanes Sales, Kim Doria, Luciana Capelli, Marina Valeriano, Marlene Baptista, Maurício Barbosa, Pedro Davoglio, Raí Alves, Talita Lima, Tulio Candiotto

CIP-BRASIL. CATALOGAÇÃO NA PUBLICAÇÃO
SINDICATO NACIONAL DOS EDITORES DE LIVROS, RJ

W933c

Wright, Erik Olin, 1947-2019
Como ser anticapitalista no século XXI? / Erik Olin Wright ; tradução Fernando Cauduro Pureza. - 1. ed. - São Paulo : Boitempo, 2019.

Tradução de: How to be an anticapitalist in twenty-first century

ISBN 978-85-7559-730-9

1. Capitalismo - História - Séc. XXI. 2. Globalização - Aspectos sociais. 3. Globalização - Aspectos econômicos. 4. Movimento anti-globalização. I. Pureza, Fernando Cauduro. II. Título.

19-59993	CDD: 330.122
	CDU: 330.142.23

Meri Gleice Rodrigues de Souza - Bibliotecária CRB-7/6439

É vedada a reprodução de qualquer
parte deste livro sem a expressa autorização da editora.

1ª edição: outubro de 2019; 1ª reimpressão: março de 2021

BOITEMPO
Jinkings Editores Associados Ltda.
Rua Pereira Leite, 373
05442-000 São Paulo SP
Tel.: (11) 3875-7250 / 3875-7285
editor@boitempoeditorial.com.br | www.boitempoeditorial.com.br
www.blogdaboitempo.com.br | www.facebook.com/boitempo
www.twitter.com/editoraboitempo | www.youtube.com/tvboitempo

Sumário

Prefácio à edição brasileira – João Alexandre Peschanski 11

Prefácio 17

1. Por que ser anticapitalista? 23

O que é o capitalismo? 26

Motivos para se opor ao capitalismo 27

As fundações normativas 31

Igualdade/justiça 32

Democracia/liberdade . . . . ,,. 38

Comunidade/solidariedade 41

2. Diagnóstico e crítica ao capitalismo 45

Igualdade/justiça 46

Classe e exploração 47

Competição e risco 48

Crescimento econômico desestabilizador 48

Democracia/liberdade 50

Comunidade/solidariedade 54

Ceticismo 58

3. Variedades de anticapitalismo................................61

Lógicas estratégicas....................................62

Destruindo o capitalismo............................63

Desmantelando o capitalismo.........................66

Domesticando o capitalismo..........................68

Resistindo ao capitalismo............................74

Fugindo do capitalismo..............................76

Configurações estratégicas..............................79

Erodindo o capitalismo.................................85

4. Um destino para além do capitalismo: o socialismo como
democracia econômica...............................93

Um conceito de socialismo com foco no poder.............96

Construindo os alicerces para uma economia socialista
democrática.......................................100

Renda Básica de Cidadania...........................102

A economia de mercado cooperativa...................104

A economia social e solidária.........................109

Democratizando empresas capitalistas.................111

O sistema bancário como utilidade pública..............113

A organização econômica não mercadológica.............115

Provisão de bens e serviços estatais...................115

Produção colaborativa *peer-to-peer*....................119

O *commons* do conhecimento: conhecimento comum
para todo mundo.................................121

De volta ao problema da estratégia....................123

5. O anticapitalismo e o Estado..........................127

O problema do Estado capitalista......................128

As contradições internas do Estado....................131

Funcionalidades contraditórias e em disputa............132

Perspectivas..138

Democratizando o Estado.............................145

Descentralização democrática do poder 147

Novas formas de participação cidadã..................148

Novas instituições para a representação democrática.....149

Democratizando as regras eleitorais 150

6. Agentes da transformação............................ 153

Atores coletivos para erodir o capitalismo................ 154

O problema da agência coletiva......................... 156

O conceito de "agência" 157

Identidades 159

Interesses...164

Valores 166

De identidades, interesses e valores aos atores coletivos ... 168

Superando as vidas particulares 169

As estruturas fragmentadas de classe 171

A competição das identidades........................173

A política real...................................... 176

Posfácio – Michael Burawoy............................. 183

Prefácio à edição brasileira

Este livro apresenta uma síntese de duas linhas principais da sociologia de Erik Olin Wright: a *análise* do capitalismo e a *teorização* de uma alternativa ao capitalismo. A primeira linha, analítica, norteou a produção acadêmica de Wright dos anos 1970 aos 1990, especialmente buscando definir a estrutura de classes e formalizar as dinâmicas de exploração no capitalismo. A segunda despontou a partir dos anos 2000, organizada em torno da ideia de "utopias reais", num processo de redefinição das estratégias de transformação do capitalismo e da construção prática de experimentos socialistas.

A definição das regras do capitalismo feita por Wright opera em um nível estrutural e um institucional. No nível mais abstrato, discute a formação social do capitalismo, em debate com a teoria da história. No nível mais específico, propõe uma abordagem sobre os arranjos institucionais com que elementos do capitalismo se organizam: a propriedade privada dos meios de produção, a existência de um mercado de trabalho (onde empregadores e empregados negociam relações trabalhistas, por mais que tenham capacidades assimétricas de impor seus interesses) e a existência de um mercado em que bens e serviços são comprados e vendidos com o objetivo de realizar lucros. A abordagem específica alinha-se a uma compreensão relativamente institucionalista da economia política.

Nesse sentido, o capitalismo apresenta-se como um modo específico de organizar a economia, isto é, a produção e a troca de bens e serviços. Suas características fazem com que consigamos reconhecê-lo, independentemente das variações no grau e no nível de manifestação dessas características, e diferenciá-lo de outros modos de produção e troca de bens e serviços.

Em outros modos de organizar a economia – por exemplo, o escravismo, o feudalismo, o estatismo e o socialismo –, a produção e a troca de bens e serviços não se dão no abstrato da mesma forma que no capitalismo. No escravismo, em que predomina o trabalho escravo, o produtor é ele mesmo um bem, comprado e vendido no mercado, e portanto não recebe salário; no capitalismo, as relações de trabalho são normalmente estabelecidas por meio de um contrato, tácito ou escrito, segundo o qual o empregador se dispõe a pagar um salário e às vezes oferecer algum outro tipo de recompensa a seu empregado, que, por sua vez, se dispõe a trabalhar em prol do benefício de quem o emprega. Nesse contrato, o que o trabalhador "vende" ao empregador não é ele mesmo, como se fosse um bem, mas sua capacidade de trabalhar por certo período de tempo. No estatismo, as indústrias e outros locais de produção são geralmente controlados pelo Estado; no capitalismo, os meios de produção, que incluem prédios, instrumentos e equipamentos, terras e todos os recursos necessários para a produção de bens e serviços, são de propriedade privada. No socialismo, a troca de bens é motivada pelo acesso a tudo aquilo que é necessário para que os membros da sociedade realizem, nos limites do possível e do viável para a sustentabilidade da sociedade, suas capacidades e seus talentos, e tenham vidas plenas; no capitalismo, bens e serviços

Prefácio à edição brasileira · 13

são geralmente produzidos e vendidos em um mercado com o objetivo de realizar lucros. A definição específica do capitalismo é central para a sociologia wrightiana. Nesse nível, o modo de organizar a economia é, sociologicamente, um conjunto dinâmico de instituições sociais e um modelo realmente existente de estruturação das regras sociais no contexto desse conjunto de instituições. Um objeto primordial de análise, nessa compreensão, é a formação e a reprodução de nichos não capitalistas num contexto mais amplo de funcionamento social predominantemente capitalista, em que os arranjos institucionais se combinam e finalmente definem não um modo de produção puramente capitalista, mas um ecossistema social híbrido, articulando dinamicamente configurações variadas e múltiplas de organizar a economia. Mais diretamente: na sociologia wrightiana, o socialismo existe dentro e para além do capitalismo.

A afirmação de organizações da economia fundamentalmente híbridas insere Wright em um esforço de abandono da "grande narrativa" do socialismo. Na medida em que refuta a perspectiva totalizante do capitalismo, estabelece as bases para lógicas de transformação não puramente rupturais do sistema dominante. Ou seja, se uma noção binária da transformação social é refutada – ou capitalismo, ou socialismo , é possível imaginar lógicas de transformação atuando com estabilidade no aprofundamento dos elementos socialistas. Essas são lógicas de erosão do capitalismo.

Nas lógicas de erosão do capitalismo, está implícita a ideia de que configurações socialistas no capitalismo existente podem ser aprofundadas e se tornarem suficientemente robustas para assumir o modo dominante de organizar a economia. Nessa compreensão, essas configurações devem ser objeto de análise e atuação social. Os exemplos abordados no livro são as utopias reais: renda básica cidadã, como no Brasil é mais conhecida a proposta da renda básica universal incondicional; cooperativas de trabalhadores; a economia social do cuidado em Quebec; produção *peer-to-peer* como a Wikipédia; entre outros. Pertencem também à constelação dos arranjos institucionais alternativos formas de governança democrática sobre recursos do Estado e os bens públicos.

O anticapitalismo do século XXI, na sociologia de Wright, baseia-se na identificação, aqui e agora, de experimentos institucionais que promovam justiça social, participação radicalmente igualitária nos processos deliberativos e sustentabilidade. A conceituação aqui proposta é um alento, com rigor e humanismo, para teorizar alternativas àquilo que conhecemos, desejamos e entendemos como possível.

Este livro é também um convite à continuidade sociológica, pois deixa campos de análise a serem explorados. Em contraste com outras obras sobre utopias reais, Wright aborda mais diretamente a questão das classes sociais. Essa questão foi tema central de décadas de estudo por ele próprio e seus alunos. Há ainda muito a desenvolver na conexão analítica entre essas duas partes da teoria sociológica wrightiana. Também está em aberto o modelo de estabilidade social das configurações híbridas, que minimamente justifiquem a situação em que os capitalismos existentes modificam-se em suas microfundações para em algum instante ocorrer uma mudança mais geral de sistema dominante. Mais especificamente, há um esforço a ser realizado para ampliar os exemplos de utopias reais, o que sugere: desenvolver métodos de identificação – especificando, por exemplo, os critérios morais, na sociologia wrightiana – e elucidar a formação de uma ecologia dinâmica e interativa desses arranjos institucionais, que existam para além de seus nichos e nos interstícios, isto é, para que se conectem.

Prefácio à edição brasileira · 15

***

Aqui neste livro está também e principalmente o legado de Wright, para quem que não se conforma e pratica como princípio fundamental a generosidade. Wright faleceu em 23 de janeiro de 2019, pouco depois de concluir este livro, publicado postumamente também em inglês, e nele legou não apenas a síntese de sua sociologia, mas também a lembrança de uma prática sociológica e socialista plenamente emancipadora.

Tive o privilégio de estar com Wright, como doutorando e amigo, nos anos 2000 e 2010. Apesar de seu prestígio e reconhecimento, que o levaram à presidência da Associação dos Sociólogos dos Estados Unidos, foi um exemplo de humildade, disposto e paciente a discutir e problematizar suas ideias e a construção de um sistema social mais justo e democrático.

Formou no Centro Havens por Justiça Social, hoje Centro Wright e Havens por Justiça Social, uma comunidade de reflexão crítica sobre o capitalismo e de investigação das utopias reais. Atraiu para essa comunidade as principais figuras das ciências sociais emancipadoras. Para esse centro convergiram estudantes anticapitalistas do mundo todo, construindo com Wright a teoria e a prática das utopias reais.

A comunidade de Wright também refletiu, aprendeu e participou a partir de mobilizações sociais, nos Estados Unidos e em outros países. Com Wright, estivemos nas revoltas do Occupy Wall Street e na tomada do Capitólio de Madison em 2011. Refletimos sobre as práticas emancipadoras na Argentina, na Espanha, na Grécia, na Índia e no Brasil, entre outros locais. Vimos formar-se e consolidar-se um socialismo profundamente comunitário nos Estados Unidos. Essas experiências orientaram a produção deste livro, uma contribuição acessível para a difusão de um pensamento e uma prática socialista radicalmente igualitária.

Na última década, estiveram com Wright os seguintes cientistas sociais: Ayca Zayim, David Calnitsky, Elizabeth Wrigley-Field, Matías Cociña, Michael Billeaux, Rodolfo Elbert e Tatiana Alfonso Sierra, entre outros, formados no socialismo wrightiano. Inconformados e utópicos, convidamos à leitura desta obra sobre a crítica e a superação do sistema social dominante.

João Alexandre Peschanski
São Paulo
Agosto de 2019

Prefácio

Este livro foi originalmente concebido como uma derivação direta dos argumentos centrais de minha obra *Envisioning Real Utopias*, publicada em 2010. Nos anos seguintes à publicação, passei a participar de rodas de conversas em comunidades, em organizações e em sindicatos ao redor do mundo, retomando os temas tratados no livro. Na maioria das vezes, o público ficava entusiasmado com as ideias, mas muitos consideravam que o tamanho e o formato acadêmico de meu livro afastavam as pessoas da leitura. Sendo assim, imaginei que seria bom escrever uma versão mais curta, mais acessível para os meus leitores.

O problema foi que, quando comecei a trabalhar no projeto, minhas ideias já tinham evoluído de tal forma que não fazia mais sentido escrever um livro que simplesmente retomasse meus argumentos em *Envisioning Real Utopias*. Meu foco já havia mudado, não mais atentando para o estabelecimento da credibilidade de uma alternativa democrática para o capitalismo, mas sim dando destaque ao problema da estratégia, de como chegaremos lá. O que inicialmente era para ser uma versão resumida do livro de 2010 havia se tornado uma continuação.

Eu ainda queria escrever algo que fosse acessível para qualquer leitor interessado em refletir sobre esses assuntos. Mas também notei que era difícil escrever sobre novos argumentos e novos temas sem as práticas acadêmicas usuais, tais como estabelecer debates com visões alternativas, documentar as fontes das diferentes ideias que contribuíram para a minha análise ou usar notas de rodapé para contra-argumentar sobre as diversas objeções que eu sabia que alguns leitores podiam ter com meus argumentos. Meu problema era justamente que eu estava escrevendo para dois tipos de público: de um lado, aquelas pessoas que estavam interessadas nos temas que eu tinha para discutir, mas sem entusiasmo pelas elaborações acadêmicas tradicionais; de outro, os leitores que consideram que um livro não pode ter rigor intelectual sem essas mesmas elaborações.

A solução encontrada foi planejar o livro com duas partes diferentes. Cada uma teria praticamente os mesmos títulos para os capítulos e subcapítulos, mas na parte 1 praticamente não constariam referências e notas de rodapé, e haveria discussões mínimas sobre a qualidade de ideias específicas e apenas alguns breves comentários sobre debates e objeções – e apenas quando fossem essenciais para iluminar determinado argumento. Na parte 2, por sua vez, cada capítulo começaria com uma síntese de uma ou duas páginas acerca do argumento básico correspondente à parte 1, seguido de uma exploração mais profunda sobre as questões acadêmicas deixadas de lado anteriormente. Meu objetivo era fazer com que a parte 1 conseguisse refletir integralmente a complexidade das ideias teóricas empregadas na análise, evitando, no entanto, digressões e elucubrações acadêmicas. Mas ela não poderia ser uma simplificação excessiva daquilo que exigia complexidade. Meus editores na Verso ficaram bastante entusiasmados com essa ideia e concordaram que, quando o livro fosse publicado, a parte 1 seria lançada como uma versão resumida, mais acessível e independente, e que depois seria publicado o livro condensando as duas partes.

Minha estratégia para a escrita do livro foi, então, primeiro, escrever um bom resumo para cada capítulo da parte 1, fazendo anotações sobre quais os problemas que deveriam ser discutidos no capítulo correspondente da parte 2. Eu sabia que inevitavelmente teria que fazer revisões nos capítulos da parte 1 assim que eu chegasse às partes mais problemáticas dos capítulos da parte 2, mas ainda assim parecia a melhor forma de proceder, conseguindo ver a análise proposta em sua totalidade. Em março de 2018, senti que já tinha à minha disposição rascunhos sólidos dos primeiros cinco capítulos. E o capítulo que considero o pilar central do livro, o 3, "Variedades de anticapitalismo", já havia sido reformulado e apresentado dezenas de vezes. Os capítulos 1, 2 e 4, por sua vez, têm um relacionamento próximo com aquilo que havia escrito em *Envisioning Real Utopias*, então senti que já estavam bem encaminhados também. O capítulo 4 é até mesmo uma espécie de derivação das ideias que apresento nos capítulos 5 ao 7 do meu livro anterior. Já o capítulo 5 deste livro, sobre o problema do Estado, acaba por explorar temas que eu não havia discutido no *Envisioning Real Utopias*, ainda que já tivesse escrito sobre essas questões em outros momentos – e então considerei que esse capítulo também estava encaminhado. Faltava apenas escrever o capítulo 6. E ele lidava com um assunto que eu não havia ainda trabalhado de forma sistemática – o problema de formar atores coletivos capazes de agir politicamente e de forma efetiva para a transformação do capitalismo. Porém, percebi que mesmo que eu não tivesse nada muito original a dizer sobre esse tema tão crucial, eu poderia ao menos iluminar os assuntos para o debate.

Em abril, porém, fui diagnosticado com leucemia mieloide aguda. E essa doença não pode ser contida com tratamentos episódicos ao longo do tempo; a única estratégia para derrotá-la é por meio de um transplante de células-tronco da medula óssea. Se a cirurgia for bem-sucedida, estarei curado; caso contrário, morrerei. As chances de sobrevivência não são poucas, mas são incertas. Quando recebi o diagnóstico, entrei em contato com a Verso e expliquei a minha situação. O transplante estava previsto para meses depois – ainda tinha que passar por uma série de sessões de quimioterapia até poder realizá-lo – e eu esperava que isso me desse algum tempo para poder escrever o rascunho do capítulo 6. Eu então propus que quando o manuscrito estivesse completo, a parte 1 fosse publicada como um livro mais resumido, sem que eles esperassem pela parte 2. Se der tudo certo e o transplante for bem-sucedido, então talvez no futuro eu consiga produzir a parte 2, se ela ainda for pertinente.

Estamos agora no fim do mês de julho. E tem sido desafiador para mim trabalhar nesse capítulo, por mais que eu queira. Havia momentos em que eu conseguia escrever com foco e energia por algumas horas, mas havia também muitos dias em que isso era praticamente impossível. O capítulo acabou não passando pelo diálogo público e privado que considero ter sido uma parte integral de meu processo de escrita, mas acredito que ele ainda serve ao seu propósito.

Uma observação convém ser dita sobre o título deste livro, *Como ser anticapitalista no século XXI?*. No livro, defendo um socialismo democrático de mercado, entendido como uma forma radical de democracia econômica. O livro poderia se chamar, portanto, *Como ser um socialista democrático no século XXI?*. Mas decidi usar o termo mais abrangente, "anticapitalista", porque considerei que o argumento em meu livro é relevante para todos aqueles que se opõem ao capitalismo, mas que se consideram céticos em relação ao socialismo. Espero que ao menos meus argumentos convençam algumas pessoas de que essa democracia econômica radical e socialista é a melhor forma de se pensar sobre um destino possível para além do capitalismo, mas eu não queria que o livro fosse relevante apenas para aqueles que possuem essa visão.

Erik Olin Wright
Madison, Wisconsin
Agosto de 2018

1

Por que ser anticapitalista?

Para muita gente, a noção de anticapitalismo parece ridícula. Afinal, olhem para as fantásticas inovações tecnológicas em bens e serviços produzidos pelas empresas capitalistas nos últimos anos: smartphones; filmes em *streaming*; carros privados sem motoristas; redes sociais; a cura para uma série de doenças; telões gigantes em alta definição para passar jogos de futebol e videogames conectando milhares de jogadores ao redor do mundo; cada produto concebível está agora disponível na internet e será rapidamente entregue em sua casa; aumentos impressionantes na produtividade do trabalho por meio de tecnologias de automação; e a lista segue. E ainda que se afirme que a renda é desigualmente distribuída nas economias capitalistas, é também verdade que a variedade de bens de consumo disponíveis para a maioria das pessoas, inclusive para os mais pobres, aumentou enormemente em praticamente todo o mundo. A título de comparação, vejam os Estados Unidos durante meio século, entre 1968 e 2018: o percentual de norte-americanos com ar condicionado, carros, máquinas de lavar, lava-louças, televisões e encanamento residencial aumentou significativamente nesses últimos cinquenta

24 · Como ser anticapitalista no século XXI?

anos. A expectativa de vida é cada vez mais longa para a maioria das pessoas, e a mortalidade infantil vem caindo. É uma lista sem fim de mudanças. E agora, neste século XXI, estamos observando a melhoria do padrão de vida até mesmo em algumas das regiões mais pobres do mundo: vejam as melhorias no padrão de vida material de chineses desde que a China aderiu ao livre comércio. E mais: vejam o que aconteceu com a Rússia e com a China quando elas tentaram se opor ao capitalismo! E mesmo que ignoremos a opressão política e a brutalidade desses regimes, eles também foram fracassos econômicos. Sendo assim, se você deseja melhorar a vida das pessoas, como é que você vai ser anticapitalista?

Bem, essa é uma história, a história oficial, por assim dizer.

Mas aqui vai outra: a marca registrada do capitalismo é a miséria que ele gera em meio à abundância. Essa não é a única coisa errada no capitalismo, mas é uma característica comum das economias capitalistas e que inclusive é o seu maior fracasso. Em particular, a miséria que atinge as crianças, que claramente não têm qualquer responsabilidade por seu sofrimento, é algo moralmente repreensível em sociedades ricas nas quais essas formas de pobreza poderiam facilmente ser eliminadas. Sim, nós temos crescimento econômico, inovação tecnológica, aumento na produtividade e uma difusão verticalizada de bens de consumo, mas somado a tudo isso, junto do crescimento econômico capitalista, vem a espoliação de muitos cuja forma de vida foi destruída pelo avanço do capitalismo, com a precarização dos que estão nas partes mais baixas do mercado de trabalho capitalista, promovendo trabalhos alienantes e tediosos para a maioria. O capitalismo, de fato, gerou aumentos reais na produtividade e uma riqueza extravagante para alguns, mas a maioria ainda tem que lutar pela sua subsistência. Ele é uma máquina de aperfeiçoamento das desigualdades, bem como uma máquina de crescimento econômico. E mais; está ficando cada vez mais claro que o capitalismo, movido pela busca incessante por lucro, está destruindo o meio ambiente. E, ainda assim, a questão central não é se as condições materiais não melhoraram no longo prazo nas economias capitalistas, mas se para a maioria não seria melhor uma forma de economia alternativa. É verdade que as economias estatistas, centralizadas e autoritárias, formuladas pela Rússia e pela China podem ser consideradas, em certa medida, fracassos. Mas essas não são as únicas possibilidades.

Essas duas histórias estão amparadas na realidade do capitalismo. Não é uma ilusão dizer que o capitalismo transformou as condições materiais de vida no mundo todo e aumentou enormemente a produtividade humana; muitos se beneficiaram disso. Mas da mesma forma, não é uma ilusão dizer que o capitalismo gera grandes prejuízos às pessoas e que perpetua formas de sofrimento humano passíveis de serem eliminadas. Onde o verdadeiro desacordo entre essas duas histórias aparece – e um desacordo fundamental – é sobre se é possível ter a produtividade, a inovação e o dinamismo que vemos no capitalismo sem ter os seus males. Margaret Thatcher anunciou, no início dos anos 1980, que "não havia alternativa"; duas décadas depois, o Fórum Social Mundial declarava, "um outro mundo é possível". E esse é o debate fundamental.

O argumento central neste livro é o seguinte: primeiro, um outro mundo é, de fato, possível. Segundo, que ele pode melhorar as condições para o desenvolvimento humano da maioria das pessoas. Terceiro, que os elementos desse novo mundo já estão sendo criados no nosso mundo atual. E, finalmente, que há formas de caminharmos até esse novo mundo. O anticapitalismo é possível não apenas como postura moral perante os males e as injustiças do mundo em que vivemos, mas como uma postura prática em direção à construção de uma alternativa em prol do desenvolvimento da humanidade.

Este capítulo irá construir esse argumento e inicialmente explicará o que quero dizer quando falo em "capitalismo" e, a partir disso, explorar as bases capitalistas para a sua avaliação enquanto um sistema econômico.

O que é o capitalismo?

Como muitos conceitos utilizados na nossa vida cotidiana e no trabalho acadêmico, há muitas formas diferentes de se definir "capitalismo". Para muita gente, o capitalismo é o equivalente à economia de mercado – uma economia na qual as pessoas produzem coisas para serem vendidas para outras pessoas por meio de acordos voluntários. Alguns chegam a acrescentar o termo "livre" antes da palavra "mercado", enfatizando que o capitalismo é uma economia na qual as transações do mercado são pouco reguladas pelo Estado. E tem também quem enfatize que o capitalismo não pode ser caracterizado somente pelos mercados, mas também pela propriedade privada do capital. Sociólogos, em especial os influenciados pela tradição marxista, costumam acrescentar a ideia de que o capitalismo se caracteriza por uma forma particular de estrutura de classes, na qual quem trabalha nessa economia – a classe trabalhadora – não possui os meios de produção. Isso leva ao menos a duas classes básicas nessa economia: a dos capitalistas, que têm a propriedade dos meios de produção; e a dos trabalhadores, que fornecem mão de obra aos seus empregadores.

Ao longo deste livro, pretendo usar o termo "capitalismo" para designar tanto a ideia de capitalismo como economia de mercado quanto a ideia de que ele é organizado por meio de uma estrutura de classes específica. Uma forma de pensar essa combinação é que a dimensão do mercado identifica o mecanismo básico da coordenação de atividades de um sistema econômico – no caso, a coordenação por meio de trocas voluntárias descentralizadas, com oferta e procura e preços operando – enquanto a estrutura de classes identifica as relações centrais de poder dentro desse sistema econômico – entre detentores da propriedade do capital e trabalhadores. Para dar um exemplo, é possível ter mercados nos quais os meios de produção são de propriedade do Estado: as empresas são propriedade estatal e é o Estado que aloca os recursos necessários para essas firmas, tanto como investimento direto quanto como empréstimo via bancos estatais. Esse sistema pode ser chamado de *economia de mercado estatista* (ou, como outros preferem chamar, de "capitalismo de Estado"). Ou as próprias empresas, na economia de mercado, podem ser cooperativas, cuja propriedade e controle estão nas mãos de funcionários ou consumidores. Uma economia de mercado organizada dessa forma pode ser chamada de *economia de mercado cooperativada*. Em contraste a essas formas de economia de mercado, a característica principal da economia de mercado capitalista, contudo, é a forma pela qual a propriedade privada do capital se vê empoderada tanto dentro das empresas como no sistema econômico como um todo.

Motivos para se opor ao capitalismo

O capitalismo gera anticapitalistas. Em algumas épocas e em alguns lugares, a resistência ao capitalismo se cristaliza em ideologias coerentes, com diagnósticos sistemáticos sobre a fonte dos males e a clara percepção do que se deve fazer para eliminá-la. Em outras circunstâncias, o anticapitalismo está simplesmente repleto de motivações que, superficialmente, parecem dizer pouco sobre o capitalismo, por exemplo, quando falamos de crenças religiosas que levaram as pessoas a rejeitar a modernidade e buscar refúgio em comunidades isoladas. Por vezes, o anticapitalismo toma a forma de trabalhadores no chão de fábrica, individualmente resistindo às demandas dos seus patrões. Em outros momentos, é corporificado em organizações de trabalhadores, engajadas em lutas coletivas sobre suas próprias condições de trabalho. Onde quer que o capitalismo exista, ele sempre virá acompanhado de descontentamento e resistência, assumindo as mais diferentes formas.

Diante dessa variedade de luta dentro e sobre o capitalismo, duas formas mais gerais de motivações entram em cena: os *interesses de classe* e os *valores morais*. Você pode se opor ao capitalismo porque ele prejudica seus interesses materiais, mas também porque ele viola certos valores morais que são caros a você.

Há um cartaz do fim dos anos 1970 que mostra uma trabalhadora inclinando-se sobre um muro. A legenda diz: "A consciência de classe é saber de que lado da barreira você está. A análise de classe é descobrir quem está lá com você". A metáfora do muro denota conflito dentro do capitalismo, já que ele seria baseado em interesses de classe distintos. Estar do lado oposto da barreira define amigos e inimigos nos termos desses interesses opostos. Algumas pessoas podem se sentar sobre a barreira, mas em última instância terão que tomar uma decisão: "Ou você está conosco, ou está contra nós". Em certas situações históricas, os interesses que definem os lados da barreira são bastante fáceis de decifrar. É óbvio para praticamente todo mundo que nos Estados Unidos, antes da Guerra Civil, os escravos eram prejudicados pela escravidão e que, portanto, eles tinham interesse de classe na abolição, enquanto, por outro lado, os senhores de escravos tinham interesse na sua perpetuação. Pode ser que tenhamos alguns senhores com sentimentos ambivalentes quanto a ter escravos como propriedade – esse é o caso de Thomas Jefferson, por exemplo –, mas essa ambivalência não se dava por conta dos seus interesses de classe; ela ocorria porque havia uma tensão entre esses interesses e certos valores morais que esses senhores tinham.

No capitalismo contemporâneo, as coisas são um pouco mais complicadas e não é tão óbvia a forma como devemos compreender os diferentes interesses de classe. É claro, há algumas categorias de indivíduos para quem os interesses materiais a respeito do capitalismo são bastante óbvios: os grandes detentores da riqueza, os executivos de grandes corporações multinacionais, por exemplo, claramente têm interesse em defender o capitalismo; já os trabalhadores das *sweatshops*, fábricas que exploram ao limite operários pouco qualificados e precarizados, assim como trabalhadores desempregados, têm interesses claros em se opor ao capitalismo. Mas para muita gente que vive em economias capitalistas, as coisas não são tão evidentes. Profissionais que possuem ensino superior, gerentes e muitos trabalhadores autônomos, por exemplo, ocupam o que chamo aqui de *situações contraditórias dentro das relações de classe* e geralmente possuem interesses complexos e inconsistentes no que diz respeito ao capitalismo.

Se o mundo é constituído por apenas duas classes em lados opostos da barreira, então talvez seja suficiente afirmarmos o anticapitalismo exclusivamente em termos de interesses de classe. Essa era basicamente a forma pela qual o marxismo clássico via o problema: mesmo que houvesse complexidades na estrutura de classes, a dinâmica de longa duração do capitalismo encaminhava-se para uma tendência de clivagem e para o alinhamento dos interesses contra e a favor do capitalismo. Nessa lógica, a consciência de classe consistia basicamente em entender como o mundo funcionava e, dessa forma, como ele estava a serviço dos interesses materiais de algumas classes em detrimento de outras. Tão logo os trabalhadores entendessem isso, eles iriam se opor ao capitalismo. É por causa disso que muitos marxistas argumentaram que não era necessário desenvolver uma crítica sistemática ao capitalismo em termos de justiça social e déficits morais. É mais do que suficiente mostrar às massas que o capitalismo prejudica seus interesses; não é necessário mostrar sua injustiça. Trabalhadores não necessitam ser convencidos de que o capitalismo é injusto ou que ele viola princípios morais; tudo que se precisa é de um diagnóstico forte o suficiente que mostre o capitalismo como raiz de todos os males – ou seja, que ele gera males contra esses trabalhadores – e que algo pode ser feito contra ele.

Esse argumento, baseado exclusivamente nos interesses de classe, não serve mais para o capitalismo do século XXI. E provavelmente nunca serviu. Mas há três problemas centrais a serem discutidos aqui.

O primeiro deles é que, considerando a complexidade dos interesses de classe, sempre vai haver muita gente cujos interesses não caem de um lado ou de outro da barreira automaticamente. O apoio dessas pessoas a iniciativas anticapitalistas irá depender, em parte, de que tipo de valores estarão em jogo. E já que o apoio dessas pessoas é importante para qualquer estratégia plausível para a superação do capitalismo, é fundamental construir uma coalizão parcialmente amparada em valores e não apenas em interesses de classe.

O segundo problema é que a maioria das pessoas é motivada, nem que seja parcialmente, por questões morais – e não apenas interesses econômicos práticos. Mesmo para aqueles cujos interesses de classe parecem ser claros, as motivações amparadas em questões morais podem ter muito significado. Eles agem contra seus interesses de classe não apenas porque não os entendem, mas porque outros valores podem ser mais importantes para eles. Um dos casos mais famosos na história é o de Friedrich Engels, o colaborador mais próximo de Marx, que era filho de um grande e rico empresário capitalista e, ainda assim, dedicou sua vida em apoiar movimentos políticos contra o capitalismo. Abolicionistas do norte dos Estados Unidos, por sua vez, eram contra a escravidão não apenas por seus interesses de classe, mas porque acreditavam que a escravidão era um erro. Mesmo diante de casos nos quais o anticapitalismo está de acordo com seus interesses de classe, encontramos pessoas que têm como motivações valores que elas consideram importantes para sustentar seu comprometimento para com as lutas por mudanças sociais.

E, finalmente, o último problema é que clareza a respeito de valores é algo essencial para pensarmos o grau de desejo das pessoas por alternativas ao capitalismo. Precisamos de uma maneira de acessar não apenas aquilo que está errado com o capitalismo, mas aquilo que as pessoas desejam para sua alternativa. E, se por um acaso conseguirmos construir uma alternativa de fato, precisamos de um critério sólido para avaliar o quanto esse projeto está conseguindo realizar esses valores.

Dessa forma, enquanto é evidente que é vital identificar formas específicas nas quais o capitalismo prejudica nossos interesses de classe, é também fundamental esclarecer quais valores nós gostaríamos que uma economia amparasse. O restante deste capítulo irá explorar alguns valores que constituem a fundação moral do anticapitalismo e a nossa busca por alternativas melhores.

As fundações normativas

Três diferentes agrupamentos referentes a valores são centrais para a crítica moral ao capitalismo: igualdade/justiça, democracia/liberdade e comunidade/solidariedade.

Eles possuem uma longa tradição dentro das lutas sociais, que remonta até os antigos ideais de *liberdade*, *igualdade* e *fraternidade*, proclamados durante a Revolução Francesa. Todos esses valores possuem sentidos que foram constantemente debatidos. Poucas pessoas dizem serem contra a democracia ou a liberdade, ou algum tipo de noção de equidade, mas ainda discordam de forma contundente sobre o verdadeiro conteúdo embutido nessas palavras. Esses argumentos acabam dando bastante trabalho para filósofos políticos. E eu não pretendo aqui organizar esses debates. O que farei, no entanto, é oferecer um panorama acerca desses valores que nos ajudam a esclarecer a crítica ao capitalismo.

Igualdade/justiça
A ideia de igualdade é central para todas as noções de justiça social. Mesmo noções libertárias de justiça que enfatizam os direitos à propriedade defendem a igualdade de direitos perante a lei. A Declaração de Independência dos Estados Unidos proclama: "Consideramos essas verdades como autoevidentes, que todos os homens são criados iguais, dotados pelo Criador de certos direitos inalienáveis e que, dentre eles estão o direito à vida, à liberdade e à busca por felicidade". A ideia de igualdade de oportunidades é amplamente aceita pela maioria dos norte-americanos; logo, muitas pessoas reconhecem que há algo de injusto quando uma criança nasce na pobreza, tendo menos oportunidades na vida do que uma criança nascida na riqueza, ainda que essas pessoas também sintam que não podem fazer nada a respeito.

No fim das contas, a maioria das pessoas tem algum ideal de igualdade nas sociedades capitalistas contemporâneas. Mas o motivo pelo qual elas discordam mais radicalmente entre si, é, contudo, sobre a substância desse ideal igualitário. Tal desacordo acabou animando uma discussão bastante vívida dentre filósofos políticos nas últimas décadas do século XX; ela foi nomeada como o debate da "igualdade de quê?" (*Equality of What?*"). Seria o ideal igualitário uma *igualdade de oportunidades*? Em caso positivo, oportunidades para quê? Ou seria então esse ideal uma *igualdade de recursos*? Igualdade de capacidades? Igualdade de bem-estar ou bem viver? Bem, proponho aqui que vejamos a igualdade como um valor:

Em uma sociedade justa, todas as pessoas teriam amplo e igual acesso aos meios materiais e sociais necessários para viver uma vida plena.

Há muita coisa nessa simples afirmação. Vamos fragmentá-la então.

Primeiro, o princípio igualitário está presente na ideia de "amplo e igual *acesso*" a algo, o que é um pouco diferente da ideia de *oportunidade*. Pois oportunidades iguais podem ser satisfeitas, por exemplo, por um sistema de loterias, mas essa não seria a melhor forma de dar às pessoas acesso a uma vida plena. Oportunidades iguais também sugerem que o problema central está naquilo que alguns chamaram de "igualdade de ponto de partida": ou seja, a igualdade de oportunidades vale somente para o início e, caso você não aproveite as oportunidades, azar o seu. A culpa é sua, logo o sistema segue funcionando e você não pode reclamar. A ideia de "igual acesso" adota, por sua vez, uma visão mais generosa e compassiva a respeito da condição humana. Ela também é mais realista, tanto sociologicamente quanto psicologicamente. As pessoas cometem erros; adolescentes veem só o próprio umbigo e tomam decisões idiotas; eventos imprevistos e sorte acabam tendo um enorme papel na vida de todo mundo, para o bem e para o mal. Uma pessoa que trabalha duro, superando grandes obstáculos, conseguindo grandes coisas em sua vida, ainda deve muito de seu sucesso a imprevistos e sorte. É virtualmente impossível fazer uma distinção clara entre aquilo que somos ou não responsáveis. A ideia de que as pessoas, em uma sociedade justa, devem ter o máximo possível de igual acesso ao longo de suas vidas, reconhece essas questões sociológicas e psicológicas. A igualdade de oportunidade é ainda uma ideia válida, claro, mas igual acesso é uma forma muito mais apropriada, sociologicamente, de entender o ideal igualitário.

Agora vamos dar uma olhada na ideia de "plena". Há muitas formas pelas quais filósofos e pessoas comuns pensam o que significa dizer que a vida de uma pessoa vai bem. A felicidade é um indicador. No geral, a maioria diz que a vida de alguém é melhor quando ela está feliz do que quando está infeliz, assim como as instituições que facilitam a felicidade das pessoas são melhores do que as que a impedem. A busca por felicidade, cristalizada na Declaração de Independência dos Estados Unidos, atesta essa importância. Uma vida repleta de sentido ou de realizações é outra formulação possível. Alguns filósofos também falam em termos de bem-estar ou bem viver. Todas essas ideias estão conectadas. Afinal, é difícil imaginar alguém sendo verdadeiramente feliz se sente que sua vida não tem sentido.

Eu uso a ideia de *plenitude* humana para tentar dar conta de um sentimento coletivo de que a vida vai bem. Uma vida plena é aquela na qual as capacidades e os talentos individuais se desenvolveram de tal forma que lhes é permitido buscar seus desejos, de modo que, num sentido mais amplo, conseguiram realizar tanto seu potencial quanto seus propósitos. É fácil perceber o que isso significa quando pensamos em termos de saúde e condições físicas: uma vida plena não é só a ausência de doença, mas também a incorporação da ideia de vitalidade física que permite um cotidiano cheio de energia. De forma semelhante, para outros aspectos da vida, essa plenitude implica uma robusta e positiva realização de capacidades e não apenas a ausência de déficits mais graves.

Suspeito que, em termos práticos, não importa muito se focamos em felicidade, bem viver, sentido, realização ou plenitude para lidar com a ideia de uma sociedade justa. Esses termos estão profundamente entrecruzados e, ao melhorar as formas de acesso para atingir qualquer um deles, é praticamente certo que isso irá gerar efeitos positivos nos demais.

O valor da igualdade não é dizer que em uma sociedade justa todas as pessoas vivem vidas igualmente plenas. Na verdade, trata-se de dizer que todos têm de possuir igual *acesso* aos *meios sociais e materiais necessários* para ter uma vida plena. Em uma sociedade justa, ninguém que deixe de atingir essa plenitude poderá reclamar de instituições ou estruturas sociais obstruindo o seu acesso aos meios sociais e materiais necessários.

Os *meios materiais* para viver uma vida plena irão variar enormemente conforme a época e o lugar, é claro, mas em seu sentido mais amplo, isso inclui uma alimentação adequada, moradia, roupas, mobilidade, lazer, cuidados, saúde, educação, entre tantas outras coisas. Em uma economia de mercado, por sua vez, isso implica que as pessoas tenham uma renda adequada para obter isso tudo. Porém, isso não implica que todos tenham níveis de renda idênticos. As pessoas podem ter diferentes necessidades por uma série de razões, e, portanto, o igual acesso aos meios materiais necessários para uma vida plena implica acesso a diferentes níveis de renda. É por isso que o princípio distributivo do socialismo clássico era "a cada um de acordo com suas necessidades" e não "as mesmas coisas para todo mundo".

Por sua vez, os *meios sociais* para obter uma vida plena são mais complexos que os materiais e qualquer lista de meios sociais certamente será controversa. Mas eu incluiria no mínimo estes itens: atividades que tragam realização e sentido para as pessoas, de preferência conectadas ao que denominamos comumente de "trabalho";

intimidade e vínculo social; autonomia, no sentido de controle significativo sobre a própria vida; respeito social, ou o que alguns filósofos chamam de reconhecimento social. O estigma social ligado à raça, gênero, sexualidade, aparência, religião, linguagem, etnicidade e outros atributos mais salientes impedem a plenitude humana, mesmo quando não necessariamente obstruem o acesso aos meios materiais. Em uma sociedade justa, todos devem ter igual acesso a essas condições sociais para ter uma vida plena.

O princípio igualitário de justiça é bastante forte. Ele estabelece que em uma sociedade justa "*todo* mundo" deve ter igual acesso, não apenas algumas pessoas. As desigualdades no que dizem respeito ao acesso a uma vida plena, quando ancoradas em raça, gênero, classe, capacidades físicas, religião e etnicidade, constituem formas de injustiça. Mas o que dizer sobre nacionalidade ou cidadania? Será que a palavra "sociedade" significa "Estado-nação", ou um sistema social de pessoas cooperando e interagindo? Em uma economia globalizada, a ideia de haver "uma" sociedade parece ser bastante ambígua. Será que o mundo, em sua totalidade, constitui essa ideia de "sociedade"? Essa não é uma questão muito fácil de se responder, mas as formas mais poderosas de igualdade e justiça iriam se estender a todas as pessoas, independentemente de onde elas nasceram ou de onde vivem: é injusto que alguns, por obra do acaso de terem nascido no lado errado de uma fronteira, acabem tendo muito menos acesso às condições de ter uma vida plena. Isso nos leva a dizer que em termos dos valores de igualdade/justiça, às pessoas deve ser permitido que se mudem para onde quiserem, pois os princípios de justiça devem ser aplicados universalmente. Todavia, isso não resolve a questão mais prática sobre o que pode ser feito (se é que pode ser feito) no tocante à injustiça da segregação baseada na nacionalidade. Na prática, pode parecer impossível retificar a injustiça criada pelas fronteiras nacionais (em especial no que diz respeito à cidadania), seja porque os obstáculos políticos são enormes ou porque, entre os efeitos colaterais negativos, a eliminação das fronteiras pode acarretar o enfraquecimento de outros valores importantes. Mas o fato de que nós não poderemos resolver esse problema não significa, por sua vez, que em termos de igualdade e justiça, a imposição de barreiras à cidadania e ao igual acesso a uma vida plena seja justa.

Uma questão final interligada aos valores de igualdade e justiça está também no que diz respeito ao nosso relacionamento com o meio ambiente. Há dois problemas conectados aqui. O primeiro trata do que é chamado de "justiça ambiental" – as formas pelas quais os prejuízos ao meio ambiente são distribuídos dentro de uma sociedade. Valores como igualdade/justiça concebem que é injusto que os malefícios à saúde causados por resíduos tóxicos, poluição e outras agressões ambientais estejam desproporcionalmente concentrados nas comunidades mais pobres e em grupos minoritários. E é igualmente injusto que os efeitos mais adversos do aquecimento global se concentrem em países pobres, sendo que essa injustiça ainda é intensificada pelo fato de que as emissões de carbono que nos levaram ao quadro atual de aquecimento global foram, em sua maioria, geradas por atividades econômicas de países ricos. A justiça ambiental, dessa forma, é um acréscimo importante para discutirmos um igual acesso às condições materiais necessárias para uma vida plena.

Uma segunda questão diz respeito às nossas ações no presente em relação ao futuro das condições do meio ambiente. Será que devemos algum tipo de consideração especial às gerações futuras em termos do acesso delas às condições ambientais necessárias para uma vida plena? Ou será que a ideia de justiça se refere estritamente à distribuição do acesso entre os que estão vivos hoje? Esse é um assunto bastante saliente no que diz respeito ao aquecimento global, em que a maioria das consequências negativas mais sérias irão afetar as gerações futuras. Esse problema de orientação "futurista", ligado à destruição ambiental, pode ser pensado a partir da ideia de *justiça intergeracional*:

As gerações futuras devem ter, no mínimo, o mesmo acesso aos meios materiais e sociais necessários para obterem vidas plenas que a geração atual possui.

Esse é um problema moralmente relevante sobre a questão da sustentabilidade ambiental: a principal razão para lidarmos com a deterioração de longa duração do meio ambiente é que ela acaba prejudicando as condições de uma vida plena no futuro. Logo, essa deterioração se revela injusta com as gerações futuras.

Democracia/liberdade

Pretendo aqui relacionar democracia e liberdade enquanto valores. Geralmente as pessoas pensam ambos como distintos, ou no mínimo dispostos em algum tipo de tensão: a liberdade é a habilidade de fazer o que você quer sem interferência; democracia é sobre o processo de impor regras e comprometimentos a todos. Isso é mais acentuado se a democracia é identificada estritamente como governo da maioria e, dessa forma, a maioria certamente poderá impor regras que suprimam a liberdade da minoria.

Mas se é assim, por que eu trato democracia e liberdade como termos conectados? Bem, faço isso porque as duas ideias refletem um valor central e estrutural, um valor que podemos chamar de *valor da autodeterminação*:

Em uma sociedade totalmente democrática, todos teriam amplo e igual acesso aos meios necessários de participar na tomada de decisões substantivas sobre aquilo que afeta suas vidas.

Se as decisões em questão me afetam, então isso significa que eu deveria poder fazê-las sem que alguém interfira nelas. Isso é o que chamamos de liberdade: poder fazer coisas sem pedir permissão aos outros, ou sem qualquer tipo de interferência alheia. Mas se as decisões em questão afetam outras pessoas, então elas deveriam tomar parte da decisão tanto quanto eu, ou ao menos estarem de acordo que eu posso decidir sem a sua participação. Em especial, as decisões que impõem e exigem regras a serem seguidas por todos. Essas costumam ser aquelas que os Estados tomam e deveriam ser feitas por todas as pessoas afetadas pelas regras, de tal forma que haveria uma participação significativa delas na própria construção dessas regras. Geralmente é isso que queremos dizer quando falamos de democracia: o controle feito "pelas pessoas" sobre o uso do poder estatal. Mas uma *sociedade* democrática (em vez de um Estado democrático) implica muito mais que isso; exige que as pessoas possam participar, de forma significativa, em toda e qualquer decisão que afete suas vidas, sejam elas tomadas pelo Estado, sejam elas tomadas por outras instituições. A democracia em um ambiente de trabalho, em uma universidade e em uma família é parte tão importante de uma sociedade democrática quanto o Estado.

Nessa formulação, a ideia fundamental de autodeterminação é que as pessoas deveriam poder determinar as condições para terem o máximo possível de controle sobre suas vidas. A diferença entre liberdade e democracia, nesse caso, diz respeito somente ao contexto de ações que afeta a vida de uma pessoa, mas não diz nada sobre os valores em si. Explicando de outra forma, o contexto da liberdade se refere às decisões e ações que afetam apenas a pessoa que toma as decisões; o contexto da democracia diz respeito às decisões e ações que afetam também os outros.

Dito isso, na prática, quase toda decisão e ação que uma pessoa pode tomar acaba afetando os outros. Portanto, é impossível para qualquer um participar de todas as decisões que lhe afeta. E seria uma tarefa colossal para uma sociedade tentar ser guiada por uma noção de participação democrática tão compreensiva assim, capaz de lidar com tantas decisões. O que precisamos, portanto, é de um conjunto de regras que defina a fronteira socialmente aceita entre o contexto da liberdade e o da democracia. Um conceito para falar dessa fronteira é a separação entre esfera *privada* e *pública*. Na esfera privada, indivíduos são livres para fazer o que quiserem sem se preocupar com a participação democrática de quem é afetado pelas suas decisões; na esfera pública, direta ou indiretamente, todos os que são afetados por essas decisões são convidados a participar.

Não tem nada de natural ou espontâneo a respeito dessa separação entre privado e público; ela deve ser criada por meio de algum tipo de processo social. Isso é obviamente uma tarefa bastante complexa e geralmente está em constante disputa. As longas lutas políticas sobre sexualidade, aborto e contracepção dizem respeito à fronteira entre um domínio estritamente privado do sexo e do corpo, no qual os indivíduos podem livremente tomar decisões, e um domínio público, no qual as pessoas, em uma sociedade, estão legitimadas para interferir, especialmente por meio das regulações do Estado. Algumas dessas fronteiras são vigorosamente demarcadas pelo próprio Estado. Outras são geralmente reforçadas por normas sociais. Frequentemente os limites entre público e privado encontram-se nebulosos. Em uma sociedade profundamente democrática, essa fronteira precisa estar sujeita à deliberação e decisão democrática.

Democracia e liberdade são valores por si sós, mas são também instrumentais para a realização de outros valores. A autodeterminação, especificamente, é ela própria muito importante para a realização de uma vida plena. Assim como falamos na questão da justiça, o ideal democrático repousa no princípio igualitário de acesso aos meios necessários para uma vida plena – e, nesse caso, participar da tomada de decisões que sejam significativas; em resumo, um igual acesso ao exercício do poder, o que não implica que todas as pessoas participem igualmente nas decisões coletivas, mas que ao menos não haja impedimentos sociais de caráter desigual à sua participação.

Comunidade/solidariedade
O terceiro conjunto de valores mais sólidos ligados ao anticapitalismo é a noção de comunidade e a ideia que mais se aproxima dela, a de solidariedade:

Comunidade/solidariedade expressa o princípio pelo qual as pessoas devem cooperar umas com as outras não apenas por aquilo que recebem individualmente, mas por comprometimento real com o bem-estar dos outros e por um senso de obrigação moral de que isso é o certo a ser feito.

Quando tal cooperação ocorre no cotidiano, em atividades mundanas nas quais as pessoas se ajudam umas às outras, usamos a palavra "comunidade"; quando a cooperação ocorre no contexto de uma ação coletiva para atingir um objetivo comum, usamos o termo "solidariedade". Solidariedade tipicamente sugere também uma ideia de poder coletivo – "unidos venceremos, divididos cairemos" – mas a unidade que se defende ainda está amparada no mesmo princípio que sustenta a noção de comunidade; que a cooperação não deve ser motivada exclusivamente por preocupações instrumentalistas com nossos interesses egoístas, mas sim por meio de uma combinação entre obrigações morais e preocupação com os outros.

O valor da ideia de comunidade se aplica a qualquer unidade social em que as pessoas interagem e cooperam reciprocamente. Um exemplo disso é a família, uma forma particular específica de comunidade. Em uma família saudável, as pessoas esperam uma cooperação amparada tanto no amor quanto nas preocupações morais. Considerem, por exemplo, uma família na qual os pais fazem "investimentos" nos filhos não porque eles querem o bem-estar das crianças, mas somente por esperarem um retorno financeiro adequado aos seus investimentos. Para muita gente, tal atitude viola importantes valores sobre o que é a família. E percepções morais de cunho religioso geralmente dão suporte a esses valores de comunidade e solidariedade. "Ame o próximo como a ti mesmo" e "faça aos outros o que você gostaria que fizessem a você". O emocionante canto do movimento operário "uma ofensa contra um é uma ofensa contra todos" expressa esses mesmos valores. Vizinhanças, cidades, nações, organizações, clubes e outras formas predeterminadas de interação social e cooperação são lugares potencialmente férteis para o valor de comunidade prosperar.

O destaque a esse valor, é claro, irá variar imensamente conforme a época e o lugar. Como geralmente tem sido notado, quando ocorrem desastres naturais, as pessoas nas áreas afetadas normalmente se ajudam de forma bastante altruísta. O que chamamos de "patriotismo" em tempos de guerra também pode estar carregado de amor pelo país e um senso de dever, ambos conectados aos valores de comunidade e solidariedade. Em tempos de paz, contudo, para a maioria, os valores de comunidade podem ser também bastante frágeis no que dizem respeito a estrangeiros em lugares distantes.

Comunidade e solidariedade são ambos valores porque possuem uma conexão com a ideia de uma vida plena e por causa de seu papel na construção da igualdade e da democracia. O que por vezes é referido como uma visão "comunitária" do que é uma boa sociedade acaba enfatizando a importância dos laços sociais e da reciprocidade em prol do bem-estar humano. Onde o sentimento de comunidade é razoavelmente forte, as pessoas ficam menos vulneráveis, sentem-se acolhidas e acabam tendo um sentimento mais seguro em termos de propósito e sentido para suas vidas. Um forte sentimento de comunidade é uma parte constitutiva da ideia de uma vida plena.

Comunidade/solidariedade é também importante para garantir a igualdade e a democracia. É mais fácil aceitar que todos, dentro de um mesmo espaço social, devem ter igual acesso às condições necessárias para uma vida plena quando sentimos preocupação e obrigação moral com o bem-estar deles. É por isso que, no interior das famílias, o princípio de distribuição, no que diz respeito às crianças, costuma se relacionar com a frase "a cada um de acordo com suas necessidades". E quanto mais forte esse sentimento de comunidade em unidades políticas maiores, melhores são as chances de se obter políticas públicas mais igualitárias, estáveis e redistributivas. Da mesma forma, o valor da democracia tem mais chance de se realizar dentro de unidades políticas nas quais há um forte senso de comunidade. A democracia política pode de fato existir em um mundo social no qual as pessoas não sintam qualquer preocupação com o bem-estar dos seus companheiros e em que a política é organizada inteiramente por grupos de interesses diversos. Mas a qualidade de tal democracia tende a ser pequena, com pouquíssimo espaço para uma deliberação pública mais séria sobre bem comum e pela busca de consensos mais amplos.

Porém, há um lado sombrio nessa lógica do valor comunidade/solidariedade. Um forte sentimento de comunidade pode acabar definindo, de forma rígida, quem nós somos e quem são os outros. Isso pode gerar valores igualitários para aqueles que fazem parte do primeiro grupo, mas também servir como apoio para a exclusão do segundo. O nacionalismo é um bom exemplo. A solidariedade pode aumentar a capacidade de lutas coletivas tanto de uma Ku Klux Klan quanto de movimentos pelos direitos civis. Os valores positivos associados à ideia de comunidade – o cuidado e as obrigações de uns com os outros – podem também gerar normas sociais de conformidade e submissão perante a autoridade e chancelar relações opressivas e autoritárias dentro de certos grupos sociais (e não apenas contra os que estão fora do grupo). Assim, comunidade e solidariedade podem obstruir ou promover a democracia e a ideia de uma vida plena. Portanto, ainda que o valor de comunidade tenha espaço dentre ideais emancipatórios, isso vai depender de quão articulado está com os valores de igualdade e democracia.

Os valores igualdade/justiça, democracia/liberdade e comunidade/solidariedade são relevantes para que possamos avaliar qualquer instituição ou estrutura social. Famílias, comunidades, religiões, escolas e Estados, bem como sistemas econômicos, todos podem ser analisados por meio desses termos para que possamos entender se eles obstruem a realização desses valores. Da mesma forma, ao pensarmos em alternativas, devemos julgá-las com base nesses valores. O próximo capítulo irá examinar de que forma o capitalismo se dá diante desses termos.

2

Diagnóstico e crítica ao capitalismo

O anticapitalismo se baseia, em grande parte, na afirmação de que o capitalismo – enquanto forma de organização de um sistema econômico – impede a realização máxima possível desses conjuntos de valores: igualdade/justiça, democracia/liberdade e comunidade/solidariedade. Há obviamente outras críticas que se pode fazer ao capitalismo. É possível argumentar, por exemplo, que o capitalismo sabota as chances de uma vida plena para todos nós – sejamos ricos ou pobres, capitalistas ou trabalhadores. Ricos e poderosos, afinal, estão sujeitos à alienante pressão gerada pela interminável competição capitalista nos mercados. Uma outra crítica bastante comum é a de que o capitalismo é irracional, criando instabilidade e desperdício, algo indesejável mesmo que não se observe que algumas classes são mais afetadas por essas questões do que outras. Alguns ambientalistas, por sua vez, falam que o capitalismo está destruindo o meio ambiente para todos, que não está somente redistribuindo os danos causados pela degradação ambiental de forma injusta. O capitalismo também aparece profundamente implicado em agressões militares por meio de suas ligações com o militarismo e o imperialismo enquanto formas de dominação econômica global. Todos esses são pontos importantes e, em diferentes épocas e lugares, têm um papel decisivo na construção do anticapitalismo. Nosso principal foco aqui, contudo, serão as críticas conectadas aos valores mais centrais para as lutas anticapitalistas: igualdade, democracia e comunidade.

Igualdade/justiça

É inerente ao capitalismo a geração de um desigual acesso, em escalas massivas, às condições materiais e sociais necessárias para uma vida plena.

Há duas razões para objetarmos a desigualdade referente às condições materiais. A primeira e mais incisiva é que os níveis de desigualdade existentes em todas as economias capitalistas, tanto na renda quanto na riqueza, violam sistematicamente os princípios igualitários de justiça social. Mesmo que adotemos a noção distante de uma igualdade de oportunidades (em vez de pensarmos em igual acesso às condições para uma vida plena), nenhuma economia capitalista chegou perto desse patamar: em qualquer parte do mundo, crianças que nascem em famílias mais ricas têm maiores e mais significativas oportunidades ao longo da vida. No mundo todo as pessoas lidam com desvantagens e vantagens pelas quais elas não podem ser responsabilizadas. A segunda razão é que os níveis de desigualdade gerados pelo capitalismo são de tal monta que alguns acabam sofrendo uma absoluta privação das condições necessárias para uma vida plena, ou seja, não se trata meramente de acesso desigual. Até mesmo em economias capitalistas ricas como a dos Estados Unidos, milhões de pessoas vivem na precariedade; passam fome e sofrem de doenças ligadas à pobreza; residem em bairros inseguros; estão sujeitas a indignidades sociais e a estigmas relacionados à pobreza.

O capitalismo perpetua essas formas de sofrimento humano passíveis de eliminação.

Os grandes níveis de desigualdade não são um mero acidente de percurso do capitalismo; são inerentes aos seus mecanismos básicos de operação. Há três questões mais amplas que operam aqui: a primeira diz respeito à relação central entre capital e trabalho no capitalismo; a segunda diz respeito à natureza da competição e ao risco nos mercados capitalistas; a terceira, por fim, diz respeito à dinâmica do processo de crescimento econômico e da mudança tecnológica.

Classe e exploração

Há no centro do capitalismo uma aguda desigualdade entre os que têm capital e os que não têm. Essa desigualdade é subjacente à própria existência do mercado de trabalho, no qual a vasta maioria acaba buscando por trabalho assalariado para garantir sua sobrevivência. A maior parte das pessoas que participa do mercado de trabalho precisa muito mais de emprego do que os seus empregadores precisam do trabalho delas. O resultado dessa tensão é um inerente desequilíbrio de poder entre capital e trabalho. Em uma economia globalizada, na qual o capital pode facilmente se mover ao redor do mundo em busca de lugares mais favoráveis para investimento, mas onde o trabalho está muito mais enraizado em lugares específicos, esse desequilíbrio no poder se intensifica ainda mais, gerando uma forma muito específica de desigualdade econômica: a exploração. E onde ela existe, não se trata mais de ter gente com melhores ou piores condições de vida; a exploração implica de fato que há uma conexão causal entre essas condições, ou seja, os ricos são ricos porque, em parte, os pobres são pobres. A renda de quem detém capital está parcialmente ligada aos resultados da exploração do trabalho da classe trabalhadora.

Competição e risco

A desigualdade entre capital e trabalho é a mais fundamental desigualdade do capitalismo, e uma boa parte dessa desigualdade se origina dentro do mercado de trabalho capitalista. É da natureza competitiva dos mercados um processo de acumulação das vantagens e desvantagens ao longo do tempo, amplificando quaisquer desigualdades iniciais entre os indivíduos. Há vencedores e perdedores e, quando se vence uma vez, fica mais fácil vencer na próxima. Essa é uma verdade para a competição entre empresas capitalistas, mas também para a competição dentro do mercado de trabalho. Além do mais, a volatilidade das crises periódicas do capitalismo geralmente acaba tendo um impacto muito maior na vida de trabalhadores e pessoas que estão na parte mais baixa da distribuição de renda do que entre os mais privilegiados. Os ricos conseguem se assegurar contra riscos futuros numa dimensão muito maior que os mais pobres.

Crescimento econômico desestabilizador

A dinâmica do desenvolvimento da economia capitalista acrescenta mais um processo gerador de desigualdade. A competição capitalista gera pressões consideráveis em empresas em prol da inovação, tanto em termos de processo produtivo quanto nos bens e serviços que elas oferecem. É bem verdade que esse é um dos grandes atrativos do capitalismo e talvez seja a característica mais lembrada em sua defesa. O problema é que esse dinamismo frequentemente acaba com empregos e, por vezes, com setores inteiros da economia. Isso poderia não ser um problema se a classe trabalhadora fosse instantaneamente realocada na produção, pegando empregos de acordo com suas habilidades e aptidões. Mas o treinamento leva tempo, consome recursos, e enquanto isso a vida das pessoas se vê emaranhada em redes de relacionamentos de cunho social que tornam essas mudanças muito custosas. E mesmo quando conseguem, de alguma forma, treinamento e um novo emprego, não há nenhuma garantia de que o tipo e a quantidade de trabalho disponível serão suficientes para lidar com a demanda por essas vagas. Enquanto o desenvolvimento capitalista cria novos empregos (e alguns deles são até bem pagos), não há nenhum processo inerente ao sistema para garantir que as pessoas que são deslocadas da produção pela destruição de um emprego antigo serão transformadas automaticamente em alguém que pode ocupar a vaga de um novo emprego. O resultado acaba sendo uma aguda inequidade entre vencedores e perdedores no processo de desenvolvimento capitalista. Novos tipos de empregos são criados ao mesmo tempo que trabalhadores de antigos ofícios são espoliados e marginalizados.

As injustas desigualdades geradas pelo capitalismo estendem-se para além da renda e da riqueza. Ele também gera severas desigualdades nas condições sociais necessárias para que possamos ter uma vida plena. De importância maior aqui, destaco o acesso a formas de trabalho que sejam significativas e que gerem satisfação. Isso porque a maioria dos empregos criados por empresas capitalistas costuma ser entediante, mesmo quando provê renda adequada. Em qualquer processo produtivo de bens e serviços, é bem verdade, sempre haverá tarefas desagradáveis e desinteressantes a serem feitas. A questao aqui é a enorme desigualdade distributiva da atividade entre trabalhos considerados interessantes e significativos comparada com os que são encarados como fardos. O capitalismo gera diversas desigualdades, inclusive na distribuição desses fardos.

Nenhum desses processos significa que, em uma economia dominada pelo capitalismo, nada possa ser feito contra as desigualdades geradas pelo sistema. Em algumas épocas e lugares foi possível dirimir significativamente a desigualdade gerada por esses processos. Isso é parte daquilo que chamarei no capítulo 3 de "domar o capitalismo". Tal domesticação, contudo, exige a criação de instituições não capitalistas operando segundo princípios igualmente não capitalistas que, para reduzir a desigualdade, interferem de forma coercitiva no processo capitalista e transferem recursos do capitalismo para o Estado a serem usados na redistribuição, no treinamento de pessoal e em outras formas de intervenção estatal. Deixar o capitalismo por conta própria faz com que ele gere desigualdade nas condições materiais e sociais de vida que não apenas violam os valores de igualdade e justiça, mas também criam sofrimento real na vida de muita gente.

Democracia/liberdade

Muitas pessoas sentem que a democracia, em especial a liberdade, está profundamente conectada ao capitalismo. Milton Friedman, em seu livro *Capitalismo e liberdade*, chegou a argumentar que o capitalismo era uma condição necessária para a realização de ambos valores. E talvez esse seja o caso, se tivermos uma visão mais panorâmica sobre a história, considerando que a emergência (e o subsequente desenvolvimento) do capitalismo está diretamente associada à expansão da liberdade individual para muitas pessoas e, eventualmente, à disseminação das formas mais democráticas de poder político. Dessa maneira, deve parecer estranho para quem tem que lidar com as críticas centrais ao capital amparando-se nos valores de democracia e liberdade.

A afirmação de que o capitalismo prejudica a democracia e a liberdade é mais complexa do que simplesmente a oposição entre o capitalismo e esses valores. Em vez disso, proponho que a lógica seja de que o capitalismo gera graves déficits na realização dos valores de democracia e liberdade. O sistema promove a emergência e até mesmo o parcial desenvolvimento tanto da democracia quanto da liberdade, é verdade, mas obstrui a total realização desses valores. E aqui há cinco argumentos que corroboram esse ponto.

O primeiro é que os limites entre a esfera pública e a privada, da forma como eles são constituídos no capitalismo, acabam excluindo muita gente da capacidade de tomar decisões cruciais e de participarem do controle democrático. Talvez o direito mais fundamental que acompanha as companhias detentoras do capital seja o seu direito de decidir onde e quando investir e desinvestir. No momento em que uma corporação decide mover sua produção de um lugar para outro, isso é uma escolha privada. Mesmo que signifique, por exemplo, o fechamento de uma fábrica nos Estados Unidos e sua subsequente mudança para um país com trabalho mais barato e com piores regulações ambientais, e que isso acabe com a vida dos norte-americanos que dependiam da fábrica e destrua o valor dos imóveis na comunidade. As pessoas que vivem nessa vizinhança devastada não vão poder participar dessa decisão, ainda que ela afete imensamente suas vidas. Mesmo que alguém possa dizer que tal concentração de poder nas mãos da empresa é uma necessidade para garantir a eficiente alocação de capital para o funcionamento da economia capitalista, o fato dessa decisão ser excluída de qualquer controle democrático inequivocamente viola a essência dos próprios valores democráticos de que as pessoas devem poder participar, de forma significativa, das decisões que afetam suas vidas.

O segundo argumento é que o controle privado sobre grandes investimentos cria uma constante pressão nas autoridades públicas para que criem regras favoráveis aos interesses dos capitalistas. A ameaça de desinvestimento e a mobilidade do capital são constantes no cenário de discussões sobre políticas públicas e, consequentemente, os políticos (independentemente de suas orientações ideológicas) são forçados a se preocupar com a manutenção de "um clima favorável para os negócios". O fato de que os interesses de uma classe de cidadãos tenham prioridade sobre os dos demais é uma violação dos valores democráticos.

O terceiro é que os ricos têm muito mais acesso ao poder político do que os cidadãos que não são ricos. Isso funciona assim em todas as democracias capitalistas, ainda que em alguns países as desigualdades baseadas na riqueza sejam maiores do que em outros. Os mecanismos específicos para esse acesso mais amplo são muitos: podem ser as contribuições para campanhas eleitorais; os esforços lobistas de financiamento; as redes sociais e de parentesco das elites; subornos diretos e outras formas de corrupção. Nos Estados Unidos, por exemplo, não são apenas indivíduos ricos, mas as próprias corporações capitalistas que não lidam com praticamente nenhuma restrição a sua capacidade de investir recursos privados para fins políticos. Isso acaba violando o princípio democrático de que todos os cidadãos deveriam ter igual acesso à participação no controle do poder político.

Quarto: é permitido às empresas capitalistas organizarem verdadeiras ditaduras nos ambientes de trabalho. Um poder essencial que reside nas empresas de propriedade privada é que os donos têm o direito de dizer aos seus empregados o que devem fazer. Essa é a base dos contratos empregatícios: quem é contratado concorda em seguir as ordens do empregador em troca de um salário. Obviamente um empregador é livre para dar autonomia relativa aos seus funcionários e, em algumas situações, essa pode ser uma forma de até mesmo aumentar a lucratividade da organização do trabalho na empresa. Alguns donos podem, por sua vez, oferecer uma significativa autonomia aos trabalhadores por mera questão de princípios, mesmo sem maximização dos lucros. Mas ainda assim, são os proprietários que têm o poder fundamental de decidir quando permitir tal autonomia. Isso acaba violando os princípios de autodeterminação subjacentes tanto à democracia quanto à liberdade.

Por fim, as desigualdades na renda e na riqueza intrínsecas ao capitalismo criam desigualdades naquilo que o filósofo Philippe van Parijs chama de "liberdade real". Independentemente do que se quer dizer quando se fala sobre liberdade, ela é basicamente a capacidade de dizer "não". Uma pessoa rica pode decidir livremente que não vai trabalhar em troca de salário; uma pessoa pobre que não tenha independência para garantir sua subsistência não poderá rejeitar o emprego tão facilmente. Mas a liberdade como valor vai muito além da capacidade de dizer não; ela também é a capacidade de agir positivamente diante dos planos de vida de alguém. E, nesse ponto, o capitalismo priva as pessoas de uma liberdade real. A pobreza em meio à abundância não apenas nega igual acesso às condições de uma vida plena; ela também nega o acesso aos recursos necessários para a autodeterminação.

Essas são todas consequências intrínsecas do capitalismo enquanto estrutura econômica. Mas da mesma forma que no valor igualdade/justiça, isso não significa que uma sociedade capitalista – uma sociedade na qual o capitalismo é dominante na economia – não se possa fazer nada para reagir a esses efeitos. Em diferentes épocas e lugares, muito foi feito para mitigar os efeitos antidemocráticos do capitalismo: limites públicos podem ser impostos aos investimentos privados das mais diferentes formas, procurando dirimir a fronteira que separa a esfera pública da privada; um forte setor público e formas ativas de investimento público podem enfraquecer a mobilidade do capital; restrições ao uso de riqueza privada em eleições e as várias formas de financiamento público de campanha podem reduzir o acesso privilegiado dos mais ricos ao poder político; leis trabalhistas podem fortalecer o poder coletivo dos trabalhadores por meio dos seus sindicatos e criar direitos trabalhistas mais robustos dentro dos locais de trabalho, incluindo exigências de que haja conselhos de trabalhadores na administração das empresas; uma imensa variedade de políticas de bem-estar social que podem aumentar a liberdade real de quem não tem acesso a uma riqueza privada. As características antidemocráticas do capitalismo podem ser parcialmente controladas, ainda que não possam ser eliminadas, mas somente em condições políticas favoráveis.

Comunidade/solidariedade

O capitalismo promove motivações que corroem os valores de comunidade e solidariedade. A principal motivação para o investimento e para a produção capitalista é o interesse econômico próprio. Adam Smith expressa a ideia em seu livro clássico, *A riqueza das nações*: "Não é da benevolência do açougueiro, do cervejeiro e do padeiro que esperamos o nosso jantar, mas da consideração que eles têm pelos próprios interesses. Apelamos não à humanidade, mas ao amor-próprio, e nunca falamos de nossas necessidades, mas das vantagens que eles podem obter". O filósofo G. A. Cohen, em um ensaio chamado "Por que não o socialismo?" acrescenta também o medo enquanto motivação central dentro dos mercados capitalistas. Segundo Cohen: "A motivação mais imediata para a atividade produtiva em uma sociedade de mercado é [...] usualmente, uma mistura de ganância e medo". Com a ganância, os outros são "vistos como possíveis fontes de enriquecimento e [com o medo, são vistos como] ameaça ao nosso sucesso. Essas são formas horríveis de ver os outros e não importa o quanto estejamos acostumados ou familiarizados com elas, já que isso é resultado de séculos de civilização capitalista".

Ganância e medo são motivações promovidas pela natureza competitiva dos mercados; não deveriam ser tratadas como simples características individuais dentro do mercado. O CEO de uma corporação pode ser um sujeito generoso e fazer doações para projetos cívicos importantes, pode afirmar o valor da comunidade e, ainda assim, decidir fechar uma fábrica para maximizar seus lucros – mesmo que isso prejudique a comunidade e acabe com o bem-estar das pessoas. Trabalhadores competem por emprego; empregadores competem por vantagens; empresas competem por vendas. Essa competição gera vencedores e perdedores. Quanto mais intensa a competição e os riscos, mais a ganância e o medo são reforçados por motivações operacionais individualizadas, que acabam contribuindo com os elementos corrosivos do capitalismo.

A "cultura", nesse contexto, refere-se a valores e crenças amplamente difundidos entre as pessoas em um determinado arranjo social. É possível falar em termos de "cultura da família", "cultura do local de trabalho", "cultura de organizações", "cultura de comunidade", "cultura de sociedade"... Culturas são sempre complexas e geralmente possuem elementos contraditórios. É certamente uma simplificação excessiva ver a cultura, no âmbito geral das sociedades capitalistas, como mero reflexo dos imperativos do próprio capitalismo. Mas, ainda assim, as culturas nesse contexto geralmente afirmam dois conjuntos de valores compartilhados que estão em direta tensão com os ideais de comunidade e solidariedade: *individualismo competitivo* e *consumismo privativo*.

O individualismo competitivo consiste num conjunto de valores e crenças profundamente conectados às experiências vividas em mercados capitalistas: o desejo de ser intensamente competitivo e tentar ser melhor que os outros; a norma social de medir o valor de alguém em comparação com os outros; a importância moral de ser responsável pelo seu destino individual ao invés de depender da ajuda de terceiros; a virtude de ser independente e o estigma correspondente da dependência. Em casos mais extremos, esses valores acabam sendo transformados em slogans categóricos: a ganância é boa; em busca do número um; caras legais terminam em último. Mas mesmo quando essas formulações simplistas são rejeitadas, um tema central da cultura no capitalismo é o desejo de ser competitivo, mirando o sucesso, nem que seja às custas dos outros.

É claro que as pessoas geralmente abraçam valores que vão em direção oposta – "eu defendo o meu irmão" e "ama o próximo como a ti mesmo" – e muita gente procura agir com base nesses valores comunitários, pelo menos em alguns contextos sociais. Nisso reside parte da complexidade da noção de cultura: a coexistência de valores e princípios contraditórios. Um dos marcos da estabilidade relativa de uma cultura é justamente o seu sucesso em acomodar contradições. Uma cultura capitalista mais robusta consegue efetivar isso de duas formas: reduzindo os contextos sociais nos quais a maioria enxerga valores como comunidade e solidariedade como relevantes, e expandindo os contextos nos quais opera o individualismo competitivo. Valores comunitários são considerados bons desde que dentro de grupos familiares ou talvez de um círculo mais amplo de amigos, mas se tornam cada vez mais fracos quando são estendidos para uma proporção maior da população.

Já o consumismo privativo é o segundo elemento anticomunitário da cultura capitalista. Em uma cultura consumista, as pessoas são levadas a acreditar que a sua satisfação depende, em grande parte, do aumento do consumo pessoal. O consumismo privativo trata bens públicos e o consumo coletivo como formas de reduzir o seu próprio consumo privado em vez de entender esses componentes como fontes de qualidade e padrão de vida. Essa preocupação com o consumo pessoal e privado reforça a relativa indiferença com o bem-estar dos outros diante do individualismo competitivo.

Dentro das sociedades capitalistas, a ganância e o medo (entendidas como motivações individuais) interagem com o individualismo competitivo e com o consumismo privativo, criando formas culturais difundidas que geram um espaço hostil ao valor de comunidade/solidariedade. Tradicionalmente, os oponentes do capitalismo previam que o sistema iria acabar gerando tendências contraditórias que reforçariam os laços de solidariedade. Essa era a esperança de socialistas no fim do século XIX e no início do XX, que acreditaram – na esteira de Marx – que o aumento da interdependência e da homogeneidade da classe trabalhadora iria gerar um sentimento de solidariedade de classe cada vez maior. A comunidade trabalhadora seria, por fim, a base para a eventual transformação do capitalismo em uma nova forma de sociedade, então amparada na comunidade de todos.

Ainda que solidariedades possam de fato emergir dentro da classe trabalhadora, essas grandes esperanças nunca se confirmaram. Em vez de trabalhadores entrando numa trajetória ascendente de interdependência e homogeneização, a dinâmica do capitalismo produziu formas cada vez mais complexas de desigualdade econômica e instensificou a competição e a fragmentação no mercado de trabalho. No lugar de uma tendência favorável à solidariedade cada vez mais ampla entre a massa não capitalista, na maioria das vezes o capitalismo produziu, com raras exceções, círculos ainda mais estreitos de solidariedade de nicho entre sujeitos com oportunidades desiguais e segmentadas no mercado. Em especial, quando as formas de segmentação de classe intersectam identidades como raça, etnicidade e religião, o valor comunidade/solidariedade se torna mais estreito e fraturado.

A proeminência cultural do individualismo competitivo e do consumismo privativo, combinada com o enfraquecimento generalizado das formas de solidariedade da classe trabalhadora, constitui um agudo desafio para anticapitalistas. Enquanto talvez seja possível para alguns indivíduos encontrar formas de escapar do capitalismo por conta própria, qualquer esforço mais sério para desafiar o capitalismo exige agência coletiva e, por sua vez, solidariedade. E esse se mostrou um dos grandes obstáculos para a transformação do capitalismo: forjar amplas solidariedades necessárias para as lutas. Mas retomaremos esse problema no capítulo 6.

Ceticismo

Para resumir o argumento deste capítulo, é possível afirmar que a crítica moral ao capitalismo está amparada em três conjuntos de valores: igualdade/justiça, democracia/liberdade e comunidade/solidariedade. Ainda que em certas situações o capitalismo possa promover formas limitadas de alguns desses valores, no fim, obstrui sistematicamente a plena realização deles. Na verdade, o capitalismo gera e perpetua formas injustas de desigualdade econômica; reduz a democracia e restringe a liberdade de muitos, ao mesmo tempo que aumenta desproporcionalmente a liberdade de poucos; e, mais do que isso, cultiva ideias que, no âmbito cultural, endossam o triunfo da competitividade individualista sobre o bem-estar coletivo.

Esses conjuntos de críticas ao capitalismo acarretam duas formas principais de ceticismo, mesmo entre pessoas que compartilham os valores que exploramos até aqui.

Em primeiro lugar, muita gente questiona se o próprio capitalismo pode ser culpado de alguns dos problemas que identificamos aqui. Uma visão bastante comum, por exemplo, é a de que a pobreza em meio a abundância reflete uma disparidade entre as habilidades de cada um e as habilidades que os seus empregadores buscam e que, no fundo, isso tem a ver com mudanças tecnológicas. Pode ser que estejamos fracassando politicamente ao não garantir um bom treinamento ou educação, mas não daria para culpar o capitalismo. Ou, outra forma de crítica, é a que diz que a persistência da pobreza é resultado da desintegração das relações familiares e de uma "cultura da pobreza", e que não se pode culpar o capitalismo por isso. Problemas ambientais, por sua vez, são resultado da industrialização, sem relação com as estratégias de busca do lucro das empresas capitalistas. Déficits na democracia são oriundos da complexidade e do tamanho das sociedades contemporâneas e não têm relação com a influência da riqueza sobre as regras do jogo no capitalismo. A deterioração dos valores comunitários é resultado da urbanização, da complexidade social e dos altos níveis de mobilidade geográfica, nada a ver com as forças competitivas do mercado ou da cultura do capitalismo. E por aí vai.

Devemos levar a sério esses argumentos, não dá para jogá-los fora de uma só vez. De fato, pelo menos em alguns casos, o processo causal que os céticos identificam são relevantes para que tenhamos um melhor entendimento dos temas aqui expostos. A falta de habilidades necessárias para sanar a oferta de empregos certamente contribui para a pobreza; a complexidade das sociedades é um grande desafio para as democracias; altos níveis de mobilidade espacial podem enfraquecer a noção de comunidade. O diagnóstico e a crítica ao capitalismo não implicam que ele seja a *única* causa dos déficits presentes nos valores de igualdade, democracia e comunidade, mas que ele é o elemento que mais contribui para esse quadro.

A segunda fonte de ceticismo diz respeito ao problema das alternativas: as pessoas reconhecem que o capitalismo está, de fato, implicado em todos esses problemas. Mas elas também acreditam que não há alternativas viáveis ao capitalismo, seja porque os caminhos propostos não funcionam e poderiam até mesmo piorar as coisas, seja porque, mesmo que possa existir um sistema melhor, os poderes aqui estabelecidos já são fortes demais e tornam praticamente impossível a mudança. Em outras palavras, ou não há um destino que nos seja favorável, ou não há nenhuma maneira de chegarmos a ele. As alternativas são, portanto, utópicas, meras fantasias intangíveis.

O restante deste livro irá, então, se dirigir a esse segundo tipo de ceticismo.

3

Variedades de anticapitalismo

A maioria das mudanças sociais ocorridas ao longo da história da humanidade pegou as pessoas de surpresa, como o efeito cumulativo de consequências indesejáveis da ação humana. Porém, é possível montar uma "estratégia" em prol da mudança social que queremos, a ser atingida por meio de ações deliberadas e intencionais. É claro que também existem metas que buscamos visando a transformação social, e que não há estratégia possível para efetivá-las – seja porque não são viáveis (isto é, nem adianta criar uma estratégia), seja porque não é possível chegar a elas. Sendo assim, talvez seja impossível ter uma estratégia coerente visando uma transformação emancipatória de algo que é tão complexo quanto um sistema social. É o que Friedrich Hayek falava em meio ao seu estridente ataque ao socialismo no livro *A arrogância fatal*. Ele dizia que os intelectuais acreditavam na fantasia de que seria possível imaginar uma alternativa ao sistema social existente e fazer ela acontecer por meio de ações políticas deliberadas. E isso era uma ilusão, segundo Hayek, simplesmente porque geraria consequências negativas não desejadas, e elas teriam uma proporção tão massiva que inevitavelmente iriam se sobrepor às mudanças desejadas. Se Hayek estiver certo, então, a resposta para a questão "O que fazer?", no sentido de criar uma alternativa ao capitalismo que seja democrática e igualitária, é bastante simples: "Nada".

A crítica de Hayek não deve ser simplesmente rejeitada só porque ele a usava na defesa de suas posições políticas conservadoras. Qualquer projeto de mudança social profunda tem de se preocupar com consequências não desejáveis que podem ocorrer. Ainda assim, o capitalismo segue sendo imensamente destrutivo, impedindo qualquer perspectiva mais ampla de obtermos uma vida plena. O que precisamos aqui é de uma compreensão sobre estratégias anticapitalistas que evitem tanto o falso otimismo do *wishful thinking* quanto o desanimador pessimismo que fala que uma transformação emancipatória da sociedade é inatingível. E este capítulo foi pensado justamente para discutir essa possibilidade.

Lógicas estratégicas

Historicamente falando, cinco estratégias diferentes – que chamo aqui de "lógicas estratégicas" – foram de especial importância nas lutas anticapitalistas: *destruição do capitalismo*, *desmantelamento do capitalismo*, *domesticação do capitalismo*, *resistência ao capitalismo* e *fuga do capitalismo*. Ainda que na prática elas se entrecruzem, cada uma constitui uma forma distinta de responder aos males do capitalismo. Começaremos observando cada uma em separado e eu introduzirei um mapa conceitual dessas estratégias que irá facilitar a nossa compreensão sobre como elas podem ser combinadas de uma forma específica. Chamarei isso de *erosão do capitalismo*, oferecendo assim uma visão estratégica plausível para que possamos transcender o capitalismo no século XXI.

Destruindo o capitalismo

Essa é a clássica lógica estratégica dos revolucionários. Sua razão pode ser descrita da seguinte forma:

O sistema está podre. Todos os esforços para tornar a vida minimamente tolerável no interior do capitalismo estão fadados ao fracasso. De tempos em tempos, pequenas reformas que melhoram a vida das pessoas podem até ser possíveis quando as forças populares estiverem fortes o suficiente, mas tais melhorias serão sempre frágeis, vulneráveis a ataques, e reversíveis. Em última instância, é ilusório achar que o capitalismo pode se converter em uma ordem social benigna, na qual as pessoas comuns possam ter vidas plenas e repletas de significado. No seu âmago, o capitalismo mostra-se irreformável e a nossa única esperança reside em destruí-lo, varrer suas ruínas e, a partir daí, construir uma alternativa. Como dizem nos versos finais da música do início do século XX, "Solidarity Forever": "Nós podemos fazer um novo mundo nascer a partir das cinzas do velho mundo". A realização completa dessa alternativa emancipatória pode ser gradual, claro, mas a condição necessária para essa transição é a ruptura decisiva com o sistema de poder existente.

Ok, mas como fazer isso? Como é possível que as forças anticapitalistas concentrem poder suficiente para destruir o capitalismo e substituí-lo por uma alternativa melhor? De fato, é uma tarefa desafiadora, pois o poder das classes dominantes que é capaz de transformar as reformas em ilusões também acaba por bloquear a meta revolucionária de ruptura com o sistema. A teoria revolucionária anticapitalista, formada inicialmente por Marx e ampliada por Lenin, Gramsci e outros, oferecia um argumento atraente sobre como isso poderia acontecer:

Embora seja verdade que na maior parte do tempo o capitalismo pareça incontornável, ele também é um sistema profundamente contraditório, propenso a crises e distúrbios. Algumas dessas crises atingem uma intensidade tal que acaba fazendo com que todo o sistema se fragilize, torne-se vulnerável à mudança. Nas versões mais fortes dessa teoria, há inclusive tendências subjacentes às "leis de movimento" do capitalismo que pressupõem um aumento gradual da intensidade dessas crises que pode fragilizar o sistema todo, de tal forma que no longo prazo o capitalismo se tornaria insustentável; ele destruiria suas próprias condições de existência. Mas mesmo que não houvesse uma tendência sistemática para que as crises ficassem piores com o tempo, o que podemos prever é que periodicamente haverá intensas crises econômicas do capitalismo. Crises nas quais o sistema se tornará vulnerável, as rupturas serão possíveis e a classe dominante será derrubada. O problema que se coloca a um partido revolucionário é, portanto, que ele precisa estar numa posição capaz de aproveitar a oportunidade criada pelas crises sistêmicas e liderar manifestações massivas para tomar o poder do Estado, seja por meio de eleições, seja por meio de insurreições que derrubem o regime. A partir do controle do Estado, a primeira tarefa passa a ser sua rápida reestruturação para torná-lo uma arma adequada a uma profunda ruptura e, com isso, usar o seu poder para reprimir a oposição das antigas classes dominantes e seus aliados, destruindo as estruturas centrais de poder do capitalismo e construindo instituições necessárias para o desenvolvimento de longo prazo de um sistema econômico alternativo.

No século XX, várias versões dessa linha de raciocínio estimularam a imaginação de revolucionários ao redor do mundo. O marxismo revolucionário infundiu esperança e otimismo nas lutas, pois provia não apenas um potente antídoto contra o estado atual das coisas, como também apresentava um cenário plausível de como seria possível construir uma alternativa emancipatória. Isso dava coragem às pessoas, sustentando-lhes a crença de que elas estavam do lado certo da história e que o enorme grau de comprometimento e sacrifícios que faziam, na luta contra o capitalismo, tinha chances reais de sucesso. E, por vezes, ainda que raramente, tais lutas realmente culminaram em tomadas revolucionárias do poder.

O resultado dessas revoluções, porém, não foi a criação de uma alternativa emancipatória, igualitária e democrática ao capitalismo. As revoluções, fossem elas em nome do socialismo ou do comunismo, demonstraram que era possível "construir um novo mundo a partir das cinzas do velho mundo" e, de certa forma, melhoraram as condições materiais de vida da maioria da população por um certo período. Porém, a evidência nos mostra que essas heroicas tentativas de ruptura no século XX, não produziram o tipo de novo mundo que era desejado pelas ideologias revolucionárias. Uma coisa era botar fogo nas antigas instituições e estruturas sociais; outra muito diferente era construir novas instituições que fossem emancipatórias a partir das cinzas do que fora destruído.

O porquê das revoluções do século XX nunca terem gerado uma robusta e sustentável emancipação humana é sem dúvida um debate bastante caloroso. Há quem afirme que isso ocorreu por questões historicamente específicas, devido a circunstâncias desfavoráveis nas tentativas de ruptura sistêmica. As revoluções ocorriam em sociedades economicamente atrasadas, cercadas de poderosos inimigos. Alguns falam que foram os erros estratégicos das lideranças revolucionárias. Outros acusam os motivos desses líderes, dizendo que os que triunfaram em meio a essas revoluções tinham como motivação o desejo por *status* e poder em vez de se preocuparem com o empoderamento e o bem-estar das massas. E também há aqueles que dizem que o fracasso é inevitável diante de qualquer tentativa de ruptura radical em um sistema social. Há muitos interesses, muita complexidade, muitas consequências não desejadas. Sendo assim, qualquer tentativa de ruptura sistêmica irá inevitavelmente gerar um imenso caos, no qual as elites revolucionárias – independentemente dos seus motivos – serão compelidas a recorrer à violência e à repressão generalizada para garantir alguma ordem social. Tal violência, por sua vez, acaba destruindo a possibilidade de construção de uma nova sociedade por meio de processos democráticos e participativos.

Independentemente de quais dessas explicações estão corretas (se é que alguma está), o fato é que a tragédia das revoluções do século XX mostra que a ruptura sistêmica não é uma estratégia válida para a emancipação social. Isso não significa rejeitar a ideia de uma alternativa emancipatória para o capitalismo, organizada por meio de princípios qualitativamente diferentes, com foco na transformação social; o que se questiona aqui é a plausibilidade da estratégia que visa destruir, de forma brusca, a dominação capitalista.

Ainda assim, a ideia de ruptura revolucionária contra o capitalismo não desapareceu completamente. Ainda que essa noção não seja mais vista como uma estratégia coerente para as principais forças políticas, ela dialoga com a frustração e com a raiva de viver em um mundo com tantas e tão agudas desigualdades, com enorme potencial desperdiçado para vidas plenas, com um sistema político que parece cada vez mais arcaico e antidemocrático. Porém, se quisermos de fato transformar o capitalismo rumo a um sistema emancipatório, as visões que ressoam essa raiva não são suficientes; o que precisamos é de uma lógica estratégica que tenha alguma chance de funcionar na prática.

Desmantelando o capitalismo

Desde os primórdios dos movimentos anticapitalistas, sempre houve pessoas que compartilhavam da crítica e até mesmo dos objetivos dos revolucionários, mas que não compartilhavam da crença na plausibilidade da ruptura com o capitalismo. Todavia, o ceticismo diante da possibilidade da derrubada do capitalismo por vias revolucionárias não implicava necessariamente abandonar a ideia de socialismo.

Ainda que uma tomada de poder que derrubasse o capitalismo de uma só vez não criasse diretamente condições para uma alternativa democrática e igualitária (ao menos em se tratando dos países capitalistas desenvolvidos), uma transição rumo a um socialismo democrático poderia ser obtida por meio de reformas vindas do Estado que, por sua vez, aumentariam a quantidade de elementos socialistas – ainda que de cima para baixo. Isso implicava um longo período em que relações capitalistas e socialistas coexistiriam em uma economia mista: haveria bancos privados e estatais; empresas privadas lado a lado com empresas do Estado, principalmente em setores como transportes, luz, água, saúde e até mesmo alguns ramos da indústria pesada; haveria um mercado de trabalho capitalista, sim, mas o Estado também empregaria as pessoas; o planejamento econômico estatal ocorreria junto com o planejamento econômico da iniciativa privada. E nesse cenário seria impensável uma ruptura na qual um sistema simplesmente substituiria o outro. Em vez disso, haveria um gradual desmonte do capitalismo, com uma alternativa sendo construída diretamente pela ação sustentável do Estado.

As precondições necessárias para essa estratégia se tornar viável eram, primeiro, um partido socialista de massas que fosse capaz de vencer eleições e ficar no poder por tempo suficiente para que as novas estruturas econômicas estatais pudessem ser robustamente institucionalizadas. É claro que haveria oposição e resistência, mas a crença era de que as instituições econômicas socialistas que fossem organizadas pelo Estado iriam demonstrar seu valor e, com isso, angariar apoio popular.

Essa ideia de uma gradual introdução ao socialismo de cima para baixo, por meio do Estado, teve considerável apoio entre anticapitalistas na primeira metade do século XX. E, logo após o fim da Segunda Guerra Mundial, essa estratégia parecia estar ganhando terreno em alguns lugares, com a nacionalização das ferrovias no Reino Unido, a criação de sistemas de saúde pública em vários países, a expansão de serviços estatais em muitos lugares e até mesmo com algumas empresas sob propriedade do Estado em diversas nações desenvolvidas do mundo capitalista. Se falava muito sobre o potencial das "economias mistas", e alguns anticapitalistas acreditaram que era possível criar, a partir dessas experiências, a base para um setor mais dinâmico e socialista da economia.

Mas não foi o que aconteceu. O dinamismo capitalista nas décadas do pós-Segunda Guerra Mundial, acompanhado da ofensiva ideológica contra a ideia de socialismo, promovida especialmente pelos Estados Unidos, acabou tirando da ordem do dia a expansão da nacionalização e a defesa das economias mistas. O golpe militar no Chile, que derrubou o governo democraticamente eleito do socialista Salvador Allende, em 1973, além de ter criado maiores obstáculos para a ideia de socialismo democrático, erodiu ainda mais a crença de que eleições democráticas poderiam garantir um caminho reformista para desmontar o capitalismo. No fim do século XX, em vez de serem a vanguarda de um novo tipo de economia, os setores estatais das economias capitalistas passaram a ficar ainda mais vulneráveis a ataques. Sob o signo do neoliberalismo, a privatização se sobrepôs à nacionalização no centro da agenda econômica, abraçada até mesmo por partidos políticos que tradicionalmente eram identificados como de esquerda.

Domesticando o capitalismo
As ideias de destruir ou desmontar o capitalismo consideram que a única possibilidade que resta é substituir o capitalismo por um tipo fundamentalmente diferente de estrutura econômica, o socialismo. Dessa forma, pode se dizer que ambos têm aspirações revolucionárias, mesmo

que ofereçam entendimentos diferentes sobre os meios necessários para atingirem seus objetivos.

Porém, é possível ver o capitalismo como fonte de uma série de malefícios a nossa sociedade, sem obrigatoriamente tentar substituí-lo. Em vez disso, o objetivo pode ser neutralizar todos esses males. Essa se tornou a estratégia dominante de partidos social-democratas e socialistas não revolucionários na segunda metade do século XX. Aqui, o argumento básico sustentado por eles:

O capitalismo, quando deixado por conta própria, cria grandes malefícios. Gera níveis de desigualdade destrutivos para a coesão social; destrói empregos e deixa as pessoas desamparadas; cria incertezas e riscos para as vidas de indivíduos e de comunidades inteiras; destrói o meio ambiente. Todas essas são consequências diretas das dinâmicas inerentes às economias capitalistas. Ainda assim, é possível construir instituições capazes de resistir e neutralizar, de forma significativa, todos esses malefícios. O capitalismo não precisa ser deixado por conta própria; ele pode ser domesticado por políticas estatais bem desenvolvidas. Para que isso dê certo são necessárias muitas lutas intensas, já que será preciso reduzir a autonomia e o poder da classe capitalista dominante, e não há garantia de sucesso. A classe capitalista e seus aliados políticos vão falar que essas regulações e redistribuições que foram criadas para "neutralizar" o capitalismo irão destruir seu dinamismo, acabar com a competitividade e sabotar os incentivos econômicos. Tais argumentos, contudo, são meras racionalizações voltadas para a manutenção de privilégios e poderes. O capitalismo pode ser sujeito a uma regulação significativa e uma profunda política redistributiva para contra-atacar os prejuízos causados por ele sem, com isso, prejudicar os lucros necessários para que continue funcionando. E para conseguir vencer essa luta, é preciso mobilização popular e vontade política; não dá para confiar na benevolência das elites esclarecidas. Mas quando as circunstâncias forem propícias, aí será possível vencer as muitas batalhas pela frente e impor as restrições necessárias para construir uma forma mais benigna de capitalismo. O resultado será um conjunto de novas regras capazes de domar o sistema.

A ideia de domesticar o capitalismo não elimina a tendência subjacente a ele de causar malefícios; o que ela faz, na verdade, é contra-atacar esses efeitos. É como um remédio para lidar com os sintomas e não com a causa dos problemas de saúde. Por vezes, isso pode ser o suficiente. Os pais de bebês recém-nascidos geralmente enfrentam privações de sono e dores de cabeça por causa dos seus filhinhos: uma solução é tomar uma aspirina; a outra é se livrar do bebê. Em certos momentos é melhor neutralizar um sintoma do que tentar se livrar da causa do problema.

Mas é claro, nem toda reforma nas regras sobre como governar no capitalismo pode ser vista como uma intenção de neutralizar seus malefícios, que dirá ser chamada de anticapitalista. Regulações bancárias, por exemplo, que procuram prevenir turbulências sistêmicas oriundas da alta especulação, podem ser entendidas como formas de ajudar a estabilizar o capitalismo – o que pode ser dito também sobre as restrições de negociações de ações sob sigilo de informações confidenciais – ou seja, são reformas para proteger o capitalismo de seus próprios ímpetos autodestrutivos. A regulação da pesca para evitar o despencar das ações de companhias pesqueiras apenas resolve um problema coletivo em vez de lidar com a pesca predatória em larga escala (se as ações voltarem a subir, a pesca predatória poderá ser retomada). As reformas anticapitalistas são, invariavelmente, reformas que introduzem valores e princípios igualitários, democráticos e solidários dentro do capitalismo, de um jeito ou de outro. Tais reformas podem até ajudar a estabilizar o sistema – e de fato, em parte é exatamente isso que fazem –, mas seu objetivo é fazer o sistema funcionar de uma forma menos capitalista.

Naquilo que geralmente se chama de "era de ouro do capitalismo" – basicamente as três décadas após a Segunda Guerra Mundial – as políticas social-democratas, principalmente naqueles países em que elas foram implementadas com maior afinco, conseguiram relativo sucesso ao serem orientadas em prol de um sistema econômico mais humano. Para ser mais específico, é possível dizer que três tipos diferentes de políticas estatais criaram novas regras nas quais o capitalismo teve de operar, e elas conseguiram, por sua vez, contra-atacar alguns dos perigos que o sistema criava. Até certo ponto, é possível dizer que incorporaram valores igualitários, democráticos e solidários:

1. Alguns dos principais perigos que as pessoas experimentavam em suas vidas – especialmente no que diz respeito a saúde, emprego e renda – foram reduzidos por meio de um amplo e simplificado sistema de seguridade social pública.

2. Os Estados nacionais assumiram a responsabilidade de prover uma série de serviços públicos, pagos por meio de um robusto sistema tributário mirando a renda mais alta. Esses serviços públicos incluíam educação básica e superior, formação vocacional, transporte público, atividades culturais, estabelecimentos recreativos, pesquisa, desenvolvimento. Alguns deles beneficiavam mais os capitalistas, é verdade, mas muitos tinham como meta ampliar os benefícios públicos.

3. Os Estados também criaram regimes regulatórios feitos para lidar com a maioria dos impactos negativos do comportamento de investidores e empresas no capitalismo: isso significava lidar com poluição, acidentes de trabalho, tendências

monopolistas, volatilidade do mercado, entre outras questões. Novamente cabe dizer que algumas dessas regulações serviam estritamente aos interesses dos capitalistas, mas algumas garantiam o bem-estar de trabalhadores e da maioria da população.

Essas políticas não significaram que a economia estava deixando de ser capitalista: quem detinha capital ainda era livre para alocá-lo no mercado de acordo com as oportunidades de lucro imaginadas. Não obstante as taxações e os impostos, eles ainda assim mantinham um determinado lucro oriundo dos seus investimentos. O que mudou, nesse contexto, é que o Estado era então responsável pela correção parcial dos três principais fracassos referentes aos mercados capitalistas: a vulnerabilidade individual diante dos riscos do capital, a provisão desigual de bens públicos e as externalidades negativas resultantes de atividades econômicas focadas somente no lucro. O resultado acabou sendo uma forma de capitalismo razoavelmente funcional, que silenciava as desigualdades e os conflitos. Os capitalistas podiam não achar tão bom assim, mas o sistema funcionava. Parecia que, nos seus pontos mais críticos, o capitalismo tinha sido domesticado. Ele continuava existindo, mas numa forma muito menos voraz.

Mas essa foi a era de ouro. O mundo das primeiras décadas do século XXI é muito diferente. Em toda parte, até mesmo nos lugares em que a social-democracia estava mais enraizada, como no norte da Europa, houve uma série de medidas para reduzir os "privilégios" ligados à previdência social, ou a redução de impostos associados à provisão de bens públicos, a desregulamentação de muitos aspectos da produção e dos mercados capitalistas, sem contar a privatização de diversos serviços que eram até então ofertados pelo Estado. Entendidas em sua totalidade, tais medidas podem ser nomeadas como "neoliberalismo".

Uma série de forças operaram para reduzir a capacidade e até mesmo as intenções do Estado em prol da neutralização dos males do capitalismo. A globalização acabou tornando muito mais fácil para empresas capitalistas deslocarem investimentos ao redor do mundo em busca de menos regulações e de mão de obra mais barata. A ameaça gerada por tais movimentações do capital, junto à variedade de mudanças demográficas e tecnológicas que acompanhou a globalização, fragmentou e enfraqueceu os movimentos operários, tornando-os menos capazes de resistir e de mobilizar politicamente as pessoas. Além disso, a financeirização do capital levou a massivos aumentos na desigualdade de riqueza e renda, o que, por sua vez, gerou maiores vantagens políticas aos inimigos do Estado social-democrata. Assim, ao invés de domesticar o capitalismo, ele agora está completamente sem coleira.

Talvez as três décadas da era de ouro tenham sido uma anomalia histórica, um breve período no qual as condições estruturais favoráveis e o forte apoio popular existente abriram a possibilidade para um modelo social-democrata relativamente igualitário. Até então, o capitalismo era um sistema voraz e, sob a égide do neoliberalismo, tornou-se voraz mais uma vez, retomando o seu rumo normal de desenvolvimento. Talvez, no longo prazo, o capitalismo não seja realmente domesticável. Os defensores da ideia de uma ruptura revolucionária contra o capitalismo sempre falaram que domar essa fera era uma ilusão, um diversionismo que nos afastava da tarefa de construir um movimento político para derrubar o sistema.

Mas pode ser que a situação não seja tão simples assim. A afirmação de que o processo de globalização impõe fortes limites à capacidade de Estados nacionais em aumentar impostos, regular o capitalismo e redistribuir a renda é bastante efetiva no sentido político, pois em parte as pessoas realmente acreditam que não há alternativa, o que não quer dizer que os limites sejam tão estreitos assim. Afinal, em grande medida, a capacidade dos Estados em aumentar os impostos depende de trabalhadores assalariados aceitarem ser tributados (o que não vale para capitalistas, que podem mover seu capital para evitar impostos mais altos) e, claro, essa aceitação dos trabalhadores em ter sua renda tributada depende de algum nível significativo de solidariedade coletiva. Na política, os limites do que é possível acabam sendo sempre parcialmente criados pela crença das pessoas nesses próprios limites. O neoliberalismo é uma ideologia apoiada por forças políticas poderosíssimas, mas ele não é um registro cientificamente preciso em relação aos limites que nos deparamos para tornar o mundo um lugar melhor. Embora talvez seja realmente verdade que as políticas específicas que constituíram o menu da social-democracia durante a era de ouro do capitalismo se tornaram menos eficientes e precisam ser repensadas, a ideia de domesticar o capitalismo por meio de regras que neutralizem seus piores efeitos ainda é uma expressão viável de anticapitalismo. Os obstáculos políticos para um revigoramento de uma agenda social-democrática progressista podem ser muitos, o que não significa que a natureza do capitalismo tenha tornado impossível que o Estado aja para mitigar seus malefícios.

Resistindo ao capitalismo

A expressão "resistindo ao capitalismo" pode ser usada como um termo mais amplo, voltado para todas as lutas anticapitalistas. Contudo, a usarei de uma forma mais específica, procurando identificar lutas que se opõem ao capitalismo, mas que ocorrem fora do âmbito do Estado-nação, e que não tem como finalidade conquistar o próprio Estado. Tanto a domesticação quanto o desmonte do capitalismo exigem, a rigor, altíssimos níveis de ação coletiva de médio e longo prazo, conduzida por organizações sólidas e coerentes, em especial partidos políticos, que buscam controlar o poder do Estado. Ao tentar domesticar o capitalismo, espera-se usar o poder oriundo do Estado para neutralizar os males do sistema; ao tentar desmontar o capitalismo, imagina-se voltar o poder do Estado contra o próprio sistema. Mas *resistir* ao capitalismo, da forma como entendo aqui, corresponde a ação de influenciar o Estado ou resistir a ação estatal, mas não exercer o poder por meio do Estado.

A ideia de *resistir ao capitalismo* procura gerar algum tipo de alívio diante dos males do sistema, mas não tem como pretensão a tomada de poder estatal. Em vez disso, busca afetar o comportamento dos capitalistas e das elites políticas por meio de protestos e outras formas de resistência por fora do Estado. Pode até ser que não consigamos transformar o capitalismo, mas podemos nos defender contra os prejuízos causados por ele, dando trabalho, protestando, aumentando os custos para as ações das elites. Essa é a estratégia de muitas organizações e movimentos de base: ambientalistas que protestam contra a emissão de resíduos tóxicos e desenvolvimentismos ambientalmente catastróficos; movimentos de consumidores que organizam boicotes contra companhias predatórias; advogados ativistas que defendem os direitos de imigrantes, pobres e minorias sexuais. É essa também a lógica estratégica mais básica dos sindicatos, que organizam suas greves exigindo salários maiores e melhores condições de trabalho.

De um jeito ou de outro, resistir ao capitalismo é provavelmente a resposta mais direta aos males do sistema. Está amparada na sociedade civil, conectada por meio de laços de solidariedade nos locais de trabalho e nas comunidades. Geralmente, uma grande quantidade de identidades para além da classe acaba por animar essa ideia de resistência ao capitalismo: etnicidade, religião, raça, gênero. Nas suas formas mais organizadas, resistir ao capitalismo é uma tarefa levada adiante por movimentos sociais e pelo movimento operário. Mas mesmo quando os sindicatos se veem enfraquecidos e o ambiente político torna as condições de protesto social ainda mais difíceis, trabalhadores no chão de fábrica podem resistir a opressão e exploração do capitalista nos processos de trabalho e nas relações de classe. Uma característica intrínseca da exploração é que, para se efetivar, ela depende de algum esforço por parte dos explorados. E já que os seres humanos não são robôs, isso significa que ainda podemos, de alguma forma, não dar o máximo de nosso esforço e diligência em algumas tarefas. E essa é a forma mais básica de resistência ao capitalismo.

Fugindo do capitalismo
Uma das mais antigas respostas às depredações do capitalismo tem sido a fuga. Fugir do capitalismo pode não ter se cristalizado em uma ideologia anticapitalista mais sistematizada, mas nem por isso deixa de ter uma lógica coerente:

O capitalismo é um sistema muito poderoso para ser destruído. Domá-lo de verdade, que dirá desmontá-lo, exigiria um grau de ação coletiva sustentável que é irrealista e, mesmo que se consiga chegar a esse nível, o sistema é grande e complexo demais, sendo impossível controlá-lo efetivamente. A força do capitalismo está na dificuldade de movê-lo e, para piorar, ele sempre vai cooptar a oposição e defender seus privilégios. Você não pode lutar contra o poder. *Le plus ça change, le plus c'est la même chose* – quanto mais se muda, mais fica a mesma coisa. O que nos resta fazer é buscar o isolamento, fugir dos efeitos mais danosos do capitalismo e, talvez, conseguir juntar-se com outros em algum tipo de abrigo. Pode ser que não possamos mudar o mundo todo, mas podemos nos afastar o máximo possível da intricada teia da dominação capitalista, criando nossa própria microalternativa na qual poderemos ter uma vida plena.

Esse impulso de fuga pode ser visto como uma resposta diante dos malefícios oriundos do capitalismo – e algumas delas são bastante conhecidas. O movimento de fazendeiros pobres na fronteira oeste dos Estados Unidos, por exemplo, foi para muitos uma aspiração em prol de uma vida camponesa estável, autossustentável, focada na subsistência, em vez de produzir somente para o mercado. Comunidades utópicas do século XIX tentaram criar sociedades autossuficientes, que funcionariam com princípios de igualdade e reciprocidade. Cooperativas operárias tentaram criar locais de trabalho organizados pelos princípios de democracia, solidariedade e igualdade, livres da alienação e da exploração de empresas capitalistas. Fugir do capitalismo era algo implícito nos lemas dos hippies nos anos 1960, "*turn on, tune in, drop out*" – ligue o carro, prepare-se e caia fora. Os esforços de certas comunidades religiosas, como a dos Amish, para criar fortes barreiras entre eles e o restante da sociedade, envolve basicamente fugir o máximo possível das pressões oriundas de um mercado capitalista. A caracterização da família como "coração de um mundo sem coração" expressa o ideal de família como espaço social de não competição, reciprocidade e carinho, no qual encontramos refúgio para o mundo competitivo e sem coração do capitalismo.

Fugir do sistema envolve tipicamente uma espécie de fuga do engajamento político e de certos esforços coletivos organizados com o intuito de mudar o mundo. Especialmente hoje em dia, a fuga é basicamente uma estratégia individualista, muito mais relacionada a um modo de vida. Em alguns casos, ela se mostra como uma estratégia individualista que exige uma boa quantidade de riqueza capitalista, como no estereótipo do banqueiro de Wall Street, bem-sucedido, que cansou de "correr atrás da máquina" e resolveu se mudar para Vermont para ter uma vida de simplicidade voluntarista, enquanto retira sua renda de algum tipo de fundo de ações garantido por investimentos capitalistas.

Por causa dessa ausência do político, parece fácil desconsiderar a fuga do capitalismo como forma de anticapitalismo, especialmente quando ela reflete certos privilégios que foram obtidos com o próprio capitalismo. Convenhamos que é difícil tratar como oposição ao capitalismo aquele mochileiro que faz trilhas no mundo selvagem, indo para regiões remotas, usando equipamentos caros, tentando "fugir de tudo". Ainda assim, há muitos outros exemplos de fuga do capitalismo que lidam com questões mais amplas do anticapitalismo. Comunidades internacionais inteiras podem ser motivadas pelo desejo de fugir das pressões do capitalismo e às vezes elas também podem servir de modelo para formas de vida mais igualitárias, mais coletivas e mais democráticas. Certamente as cooperativas, que são frequentemente movidas pelo desejo de escapar de ambientes de trabalho autoritários e da exploração das empresas capitalistas, podem conter elementos mais amplos de desafio direto ao capitalismo e até mesmo construir formas econômicas alternativas. O movimento "faça você mesmo" pode ter sido estimulado pela estagnação do lucro durante um período de austeridade econômica, mas também aponta para formas de organizar a atividade econômica menos dependentes das trocas mercadológicas. E, em um sentido mais geral, o "estilo de vida" focado na simplicidade voluntária, pode contribuir para uma rejeição mais profunda ao consumismo e para se livrar da preocupação com o crescimento econômico do capitalismo.

Configurações estratégicas

Essas lógicas estratégicas que examinamos aqui variam conforme duas dimensões específicas. A primeira é bastante simples: o objetivo primário da estratégia é *neutralizar os males* ou *transcender as estruturas*? Domesticar e resistir ao capitalismo são estratégias que visam neutralizar os males. Destruir, desmontar ou fugir do capitalismo são, por sua vez, tentativas de transcender as estruturas.

A segunda dimensão, por sua vez, é bem mais complexa. Ela diz respeito à forma como essas estratégias são orientadas perante aquilo que podemos chamar de "nível" de um determinado sistema social. Deixem-me explicar usando a metáfora de um jogo.

Jogos são definidos por um conjunto de regras, mas independentemente de qual jogo estejamos falando, a soma das regras pode variar sem que questionemos o jogo em si. Algumas regras são claramente fundamentais para determinar a natureza do jogo; elas podem definir o que estamos jogando afinal. Chamamos essas de "regras basilares". Outras regras, por sua vez, afetam as estratégias disponíveis para os jogadores. Pensemos nisso em termos de um esporte qualquer. Rugby e futebol, por exemplo, são dois jogos diferentes. Uma das regras que os caracteriza é a se você pode, ou não, segurar a bola e correr com ela. No rugby você pode e, no futebol, não. Se a FIFA, responsável pelas regras do jogo, decidir que os jogadores agora podem pegar a bola nas mãos e sair correndo com ela, o jogo deixará de ser futebol. Por outro lado, mudanças nas regras de impedimento, por exemplo, não têm esse caráter tão sistêmico: em 1863, a regra de impedimento foi criada pela primeira vez para impedir que atacantes ficassem "na banheira", esperando a oportunidade para marcar um gol. A regra inicialmente especificava que o jogador estaria impedido se não houvesse pelo menos três atletas do outro time na sua frente. Em 1925, esse número foi reduzido para dois, até que, finalmente, em 1990, ele chegou a sua forma atual: o jogador está em condição regular enquanto houver pelo menos um adversário lhe dando condições (exceto o goleiro). É claro que essas regras afetaram a maneira que os jogadores jogavam, mas não alteraram a estrutura básica do jogo – ainda não é possível pegar a bola nas mãos e sair correndo com ela.

Agora, pensemos a sociedade como se fosse um jogo: o conflito social pode ocorrer acerca do tipo de jogo que vamos jogar, sobre as regras variáveis do jogo, se determinados movimentos são permitidos ou não. Isso pode ser visto na Tabela 1, para que se entenda os conflitos dentro do capitalismo. Os conflitos sobre o tipo de jogo que vai ser jogado referem-se às disputas políticas entre revolucionários *versus* contrarrevolucionários. O que está em jogo é basicamente se vamos jogar no capitalismo ou no socialismo, ou seja, é sobre regras basilares. Dentro do jogo do capitalismo, por sua vez, o conflito político entre reformistas *versus* reacionários trata justamente das regras variáveis do jogo. Aí, depois disso, temos também questões referentes a que tipo de capitalismo irá dominar o sistema econômico – se vai ser, por exemplo, do tipo social-democrata, com regras que irão reduzir o risco e a vulnerabilidade, protegendo a organização coletiva dos trabalhadores, ou um capitalismo neoliberal, com regras que protegem o poder das corporações, impedindo intervenções estatais de cunho redistributivo no mercado e diminuindo a produção de bens públicos. E, por fim, conflitos mais mundanos sobre o que é ou não permitido nos movimentos do jogo, o que acaba envolvendo interesses de grupos políticos específicos, onde indivíduos e coletividades adotam estratégias para atingir seus interesses econômicos a partir de uma concepção mais estática das regras do jogo.

Variedades de anticapitalismo · 81

TABELA 1. A METÁFORA DO JOGO PARA COMPREENDER OS
CONFLITOS SOBRE O CAPITALISMO E DENTRO DELE.

Metáfora do jogo	Forma do conflito político	O que está em disputa	Lógica de transformação
Que jogo vamos jogar?	Revolucionários *versus* contrarrevolucionários	Capitalismo *versus* socialismo	Brusca
Quais as regras do jogo?	Reformistas *versus* reacionários	Variedades dentro do capitalismo	Simbiótica
Que movimentos fazer dentro do jogo?	Política de grupos de interesses	Intermediar interesses econômicos	Intersticial

Essa relação entre jogos, regras e movimentos corresponde ao que chamo de três lógicas da transformação social: as transformações rupturais, as transformações simbióticas e as transformações intersticiais. As transformações rupturais são aquelas que envolvem descontinuidades nas estruturas sociais, uma quebra rápida na natureza do jogo que está sendo jogado. Já as transformações simbióticas são mais complexas; exigem a mudança de regras de um sistema social que fazem com que ele passe a se desenvolver de forma mais suave, ao mesmo tempo que expande as oportunidades para novas transformações futuras. E, por fim, as transformações intersticiais, que resultam dos efeitos cumulativos dos movimentos feitos dentro das regras do jogo.

Agora, voltemos às cinco lógicas estratégicas do anticapitalismo. Destruir o capitalismo é uma estratégia que define o âmbito da escolha do jogo que vamos jogar; domesticar e desmontar o capitalismo são estratégias definidas em termos de debate sobre as regras do jogo; e resistir e fugir do capitalismo operam no nível dos movimentos do jogo. Colocando essas estratégias nas dimensões pensadas acima, obtemos a tipologia da Tabela 2.

82 · Como ser anticapitalista no século XXI?

TABELA 2. TIPOLOGIA DAS ESTRATÉGIAS ANTICAPITALISTAS.

		Objetivos das lutas	
		Neutralizar malefícios	Transcender as estruturas
Nível sistêmico	Do jogo		*Destruir*
	Das regras do jogo	*Domesticar*	*Desmontar*
	Dos movimentos dentro do jogo	*Resistir*	*Fugir*

Movimentos políticos e sociais ao longo da história, é verdade, não ficaram confinados em apenas uma das células dessa tipologia. No século XX, comunistas revolucionários defenderam explicitamente a combinação de resistência ao capitalismo com sua destruição. Militantes comunistas eram encorajados a participar ativamente do movimento sindical, na crença de que essa era uma questão essencial para a construção de uma solidariedade operária e para a transformação da consciência de classe dos trabalhadores. A estratégia ainda estava voltada para uma ruptura sistêmica organizada por meio da tomada de poder do Estado, no entanto, uma parte significativa do processo pelo qual se esperava "colher os frutos" foi, sem sombra de dúvida, o envolvimento do Partido Comunista na resistência militante ao capitalismo dentro do movimento operário.

O socialismo democrático, por sua vez, abandonou a ideia de destruir o capitalismo, mas ainda buscou estratégias que tinham como fim a transcendência das estruturas visando desmontar gradualmente o capitalismo. A configuração estratégica acabava combinando reformas para neutralizar os seus males ao mesmo tempo que concentrava esforços na construção de um forte setor estatal com apoio do movimento operário.

A social-democracia também pensava em termos de resistência ao capitalismo, combinando essa perspectiva

com a ideia de domesticar o sistema, enquanto abando-
nava os esforços de desmontar o capitalismo. Aqui, o movimento operário estava organizado dentro dos partidos
social-democratas e, às vezes, de fato, essa conexão gerou
partidos que eram verdadeiros braços parlamentares dos
movimentos de trabalhadores. Boa parte do reformismo
progressista da social-democracia veio da influência do
movimento operário na política social-democrata, e uma
das razões para o declínio do anticapitalismo nos marcos
da social-democracia foi justamente o enfraquecimento
do movimento operário na resistência ao capitalismo.

Por vezes, alguns desses partidos tinham grupos
mais à esquerda dentro deles, com aspirações que iam
muito além da domesticação do capitalismo, ou do seu
mero desmonte. Foi o caso da Suécia na década de 1970,
por exemplo, quando a esquerda dos social-democratas
propôs uma política chamada *Plano Meidner* (referência
ao economista sueco Rudolf Meidner), na qual os sindicatos do país, após um determinado período de tempo,
se tornariam os principais acionistas das corporações
suecas. Essa foi com certeza uma estratégia de desmonte
de parte do poder do capital. O plano, em sua forma mais
radical, foi derrotado politicamente, e os social-democratas de lá acabaram recuando para a iniciativa de apenas
domesticar o capitalismo.

Movimentos sociais de inclinação anarquista usualmente respondem aos males do capitalismo propondo
apenas a ideia de resistência, uma espécie de resposta
defensiva para as depredações do sistema, mas em alguns momentos essa resistência se combina com práticas que buscam criar uma alternativa às relações capitalistas. No século XIX, grande parte das cooperativas
e das sociedades mutualistas emergiram num contexto de resistência ao capitalismo e, nos tempos atuais,
a economia social e solidária também foi amparada
por esses movimentos sociais. Em alguns casos, como

o Movimento dos Trabalhadores Sem Terra no Brasil, a ocupação de terras improdutivas e a construção de estruturas econômicas alternativas se tornaram as principais ferramentas de resistência ao capitalismo.

Essas quatro configurações foram as principais respostas estratégicas contra a injustiça e a opressão nas sociedades capitalistas do século XX. Nas últimas décadas, porém, as duas primeiras praticamente desapareceram do horizonte político, ao menos nos países capitalistas mais avançados. O comunismo revolucionário perdeu credibilidade por causa do colapso dos regimes que se forjaram por meio de estratégias de rupturas. Os socialistas democráticos, que pregavam o desmonte do capitalismo, acabaram marginalizados diante dos repetidos fracassos na tentativa de manter uma estratégia eleitoral que fortalecesse setores socialistas dentro do Estado, mas em economias capitalistas. A social-democracia, nesses países, também entrou em declínio e, em alguns casos, até mesmo desapareceu, quando não perdeu sua própria conexão com a militância da classe trabalhadora. A forma mais dinâmica de anticapitalismo nas primeiras décadas do século XXI esteve ancorada em movimentos sociais, geralmente com fortes correntes anarquistas presentes e que clamam ainda hoje que "um outro mundo é possível". Mas a maior parte dessa resistência se desconectou da ideia de criar um projeto político voltado para os partidos políticos ou mesmo para o poder estatal. Ainda assim, ao menos em alguns movimentos contrários ao capitalismo que surgiram na América Latina e na Europa meridional, o princípio de uma nova ideia estratégica pode estar emergindo de baixo para cima, com iniciativas centradas na sociedade civil para forjar resistências e fugas contra o capitalismo – em oposição às estratégias de cima para baixo, que compreendiam a domesticação ou o desmonte do capitalismo. Essa nova configuração estratégica, que pode ser nomeada como *erodindo o capitalismo*, está ilustrada na Tabela 3.

TABELA 3. ERODINDO O CAPITALISMO.

		Objetivos das lutas	
		Neutralizar maleficios	Transcender as estruturas
Nível sistêmico	Do jogo		*Destruir*
	Das regras do jogo	*Domesticar*	*Desmontar*
	Dos movimentos dentro do jogo	*Resistir*	*Fugir*

Erodindo o capitalismo

Enquanto a estratégia de erodir o capitalismo está por vezes implícita nas lutas políticas e sociais, ela nem sempre está baseada no princípio organizacional de uma resposta necessária à injustiça social. Aqui está o raciocínio subjacente a essa ideia estratégica:

A erosão está amparada em uma compreensão bastante particular do conceito de sistemas econômicos. Consideremos o capitalismo. Nenhuma economia tem sido até hoje – e talvez jamais possa ser – puramente capitalista. O capitalismo é definido pela combinação de profunda mercantilizaçao com propriedade privada dos meios de produção e recrutamento empregatício de trabalhadores assalariados por meio do mercado de trabalho. Sistemas econômicos existentes se combinam tendo o capitalismo como hospedeiro, lançando outras formas de organizar a produção e a distribuição de bens e serviços: diretamente pelo Estado; inerentes às relações familiares para atender as necessidades particulares de seus membros; por meio de redes comunitárias e organizações que tradicionalmente chamamos de "economias solidárias"; por cooperativas controladas e geridas democraticamente por seus membros; por organizações de mercado de caráter não monopolista; por meio de trabalho colaborativo em redes *peer-to-peer* de processo produtivo; e tantas outras possibilidades. Algumas dessas formas de organizar atividades econômicas podem ser pensadas como híbridas, combinando elementos capitalistas e não capitalistas; outras são inteiramente não capitalistas; e há ainda as que chegam a ser até mesmo anticapitalistas. Voltando a nossa metáfora do jogo, nos sistemas econômicos reais, uma imensa variedade de diferentes jogos está sendo jogada simultaneamente, cada um deles com suas regras e movimentos. Chamamos esse complexo sistema econômico de "capitalista" quando o capitalismo se apresenta como dominante e determinante das condições econômicas de vida e acesso à vida para a maior parte das pessoas. Essa dominação é altamente destrutiva e uma forma de desafiar o capitalismo é justamente criando relações econômicas mais democráticas, mais igualitárias e mais participativas, onde quer que seja possível, nos espaços e nas fissuras que esse sistema complexo deixa desguarnecidos. A ideia de erodir o capitalismo entende que essas alternativas têm o potencial, no longo prazo, de se tornarem suficientemente proeminentes na vida de indivíduos e comunidades, de tal forma que o capitalismo poderia ser eventualmente destronado de seu papel dominante no sistema.

Uma analogia menos rigorosa pode nos ajudar a entender essa ideia, pensando a partir da noção de ecossistema. Imaginemos um lago. Ele consiste de água, mas também de tipos particulares de solo, um terreno específico, fontes de água subterrâneas e um clima adequado. Alguns peixes e outras criaturas vivem na água e vários tipos de plantas crescem ao seu redor. Coletivamente, todos esses elementos formam o ecossistema natural do lago. É um "sistema" no qual todos os elementos parecem afetar uns aos outros dentro dele, mas não se trata de um único organismo cujas partes estão funcionalmente conectadas e integradas em uma totalidade coerente. Os sistemas sociais geralmente são comparados aos ecossistemas por causa da conexão frágil entre as partes que interagem, em vez de serem vistos como um organismo no qual todas as partes possuem uma função. Dessa forma, é possível introduzir uma espécie de peixe que não pertence originalmente àquele lago. Algumas espécies vão rapidamente ser devoradas, mas outras podem sobreviver em pequenos nichos do nosso lago metafórico, sem com isso alterar significativamente a vida cotidiana do ecossistema. Porém, por vezes, a espécie estranha ao lago pode triunfar sobre a forma de vida dominante naquele ecossistema. É isso que a visão estratégica sobre a erosão do capitalismo acaba defendendo, a introdução de formas mais vigorosas e variadas de atividades econômicas não capitalistas e emancipatórias dentro do ecossistema do capitalismo, alimentando seu desenvolvimento, protegendo seus nichos e tentando descobrir formas de expandir seus hábitats. A última esperança que temos é que eventualmente essas novas espécies possam sair de seus nichos e transformar o próprio caráter do ecossistema em sua totalidade.

Essa forma de pensar a tarefa de transcender o capitalismo pode parecer muito com aquela tradicional história referente à transição das antigas sociedades feudais pré-capitalistas europeias para o capitalismo. Isso porque, nas economias feudais durante a Baixa Idade Média, relações e práticas protocapitalistas começaram a emergir, especialmente nas cidades. Inicialmente isso exigia um comércio de caráter mercantil, uma produção artesanal controlada pelas guildas e um sistema bancário incipiente. Essas formas de atividade econômica passaram a ocupar nichos e se tornaram relativamente úteis para as elites feudais. Dentro desses nichos, o jogo econômico passou a ser jogado de uma forma muito diferente do que até então era feito no feudalismo dominante. Conforme o alcance dessas atividades de mercado passou a se expandir, elas gradualmente se tornaram mais capitalistas em seu próprio caráter e, em alguns lugares, corroeram a própria estrutura da dominação feudal enquanto sistema econômico. Por causa de um longo processo, cheio de meandros, que perdurou vários séculos, as estruturas feudais deixaram de dominar a vida econômica do continente europeu; o feudalismo havia sido erodido. Esse processo pode ter sido marcado por revoltas e revoluções políticas, mas elas não constituíram uma ruptura com as estruturas econômicas existentes. Esses eventos políticos serviram para ratificar e racionalizar as mudanças que já tinham ocorrido dentro da estrutura socioeconômica.

A visão estratégica que busca erodir o capitalismo compreende o processo de derrubar o capitalismo de seu papel dominante na economia de forma muito semelhante. Atividades econômicas alternativas e não capitalistas, que incorporem relações igualitárias e democráticas, emergem em nichos onde é possível uma economia dominada pelo capitalismo. Essas atividades crescem conforme o tempo, tanto de forma espontânea como por meio de estratégias deliberadas. Algumas delas surgem como adaptações e iniciativas vindas de baixo, de dentro das comunidades. Outras, por sua vez, são organizadas ou patrocinadas pelo Estado, de cima para baixo, tentando resolver problemas práticos. Esse tipo de relação econômica alternativa constitui o alicerce de uma estrutura econômica cujas relações de produção serão caracterizadas pela democracia, pela igualdade e pela solidariedade. Lutas envolvendo o Estado começam a acontecer, por vezes até mesmo para proteger esses nichos, mas em outras para justamente facilitar novas possibilidades. De tempos em tempos, aqueles que estiverem engajados nessas lutas encontram "limites de possibilidades" de caráter estruturais; ir além desses limites pode exigir mobilização política mais intensa, voltada para mudar características cruciais das "regras do jogo" do funcionamento capitalista. Geralmente as mobilizações não dão certo, mas ao menos algumas condições podem estar maduras o suficiente para garantir uma expansão desses limites de possibilidades. Eventualmente os efeitos cumulativos das relações entre mudanças vindas de cima com iniciativas construídas pelos de baixo, podem chegar a um ponto onde relações socialistas são criadas dentro do ecossistema econômico, tornando-se suficientemente proeminentes na vida de indivíduos e comunidades, fazendo com que o capitalismo não possa mais ser considerado dominante.

Esse emaranhado de estratégias combina mudanças progressivas de âmbito social-democrata e socialista democrática – ou seja, de cima para baixo, tentando mudar as regras do jogo em que o capitalismo opera para poder neutralizar seus piores malefícios e criando alternativas amparadas pelo Estado – com visões mais anarquistas, vindas de baixo, criando novas relações econômicas que incorporam aspirações emancipatórias. Nenhum movimento político abraçou explicitamente todo esse emaranhado de estratégias, visando resistir, domesticar, desmontar e fugir do capitalismo para fazer com que seu domínio seja erodido ao longo do tempo. Mas impulsos nessa direção podem ser encontrados em partidos políticos criados com fortes vínculos com movimentos sociais, tais como o Syriza, na Grécia, e o Podemos, na Espanha. Erodir o capitalismo pode também ter alguma ressonância entre as correntes de jovens que vem se formando dentro de partidos de centro-esquerda – como o caso das prévias do Partido Democrata durante as eleições à Presidência dos Estados Unidos em 2016, com os apoiadores de Bernie Sanders, ou com os partidários de Jeremy Corbyn dentro do Partido Trabalhista britânico.

Enquanto visão estratégica, erodir o capitalismo pode ser sedutor, mas também implausível. A ideia seduz porque sugere que mesmo quando parece pratica-mente impossível obter avanços em prol da justiça so-cial e de uma transformação social emancipatória, ainda há muito a ser feito. Podemos dar início à construção de um mundo novo, não necessariamente das cinzas do velho, mas dentro dos seus interstícios. Podemos co-meçar a construir o que chamo aqui de "utopias reais", pedaços de um destino emancipatório para além do ca-pitalismo, mas dentro de uma sociedade que ainda é do-minada pelo capitalismo. É implausível, porque parece extremamente improvável que a acumulação de espaços econômicos emancipatórios, dentro de uma economia dominada pelo capitalismo, possa simplesmente come-çar a erodir e retirar o domínio capitalista – ainda mais considerando a imensa quantidade de poder e riqueza das maiores corporações do mundo capitalista, ou sim-plesmente a enorme dependência que a maioria das pes-soas tem com o funcionamento tranquilo dos mercados, conquanto isso não abale seus modos de vida. Se, por um acaso, atividades e relações econômicas não capita-listas e de caráter emancipatório começarem a crescer e ameaçarem a dominação do capitalismo, elas certamen-te serão esmagadas.

Nesse caso, para procurar demonstrar que a estraté-gia de erodir o capitalismo não é uma mera fantasia, os próximos capítulos irão tratar de três temas.

Primeiro, precisamos dar mais substância à ideia de criar uma alternativa emancipatória ao capitalismo. Não é suficiente evocar os valores que queremos ver incor-porados nessas alternativas; nós também precisamos de uma ideia suficientemente clara sobre como construir o alicerce para essas alternativas. O capítulo 4 discutirá os fundamentos básicos para pensarmos um destino eman-cipatório para além do capitalismo.

Segundo, precisamos lidar com o problema do Es-tado. Enquanto ideia estratégica, erodir o capitalismo combina as formas de usar o Estado de várias formas, procurando manter espaços voltados para a construção de alternativas emancipatórias dentro de uma imensa quantidade de iniciativas vindas de baixo. Mas se o Estado capitalista foi construído para proteger os capitalistas de qualquer ameaça, como conseguir mudá-lo dessa forma? No capítulo 5 irei examinar como, apesar de todo o viés classista do Estado, é possível criar novas regras para o jogo por meio dele – o que pode facilitar ainda mais a expansão das relações emancipatórias não capitalistas que apontam um destino para além do capitalismo.

Terceiro, a erosão do capitalismo, como qualquer estratégia, precisa de atores coletivos. Estratégias não caem do céu; elas são adotadas por pessoas organizadas em partidos, movimentos e organizações. Onde estão os atores coletivos que irão erodir o capitalismo? No marxismo clássico, a "classe trabalhadora" era considerada o ator coletivo que tinha o poder de derrubar o capitalismo. Mas será que existe um cenário plausível no qual possamos construir as forças sociais necessárias para elaborar a estratégia de erosão do capitalismo? O capítulo 6 irá abordar esse problema.

4

Um destino para além do capitalismo: o socialismo como democracia econômica

É sempre mais fácil criticar o atual estado de coisas do que propor uma alternativa viável. É por isso que os nomes de movimentos sociais de protesto costumam ter o prefixo "anti". Mobilizações antiguerra que se opõem à guerra, protestos antiausteridade contra cortes no orçamento, protestos antiglobalização contra as políticas neoliberais de integração capitalista que favorecem multinacionais e o capital financeiro. E mesmo quando um movimento é nomeado por suas aspirações positivas – como o movimento por direitos civis, o ambientalista, ou o feminista – suas demandas geralmente estão relacionadas ao fim de alguma coisa: o fim das leis Jim Crow; o fim da discriminação no mercado imobiliário; o fim da discriminação racial dos policiais; o fim das perfurações no solo para encontrar petróleo; o fim da discriminação de gênero no mercado de trabalho; o fim das restrições ao casamento de homossexuais.

A questão aqui não é que as pessoas que se envolvem nesses movimentos não possuem comprometimento forte o suficiente com valores de caráter positivo, ou que elas não têm esperança de um mundo melhor. O movimento por direitos civis, na década de 1960 nos Estados Unidos, incorporou profundamente valores emancipatórios de igualdade, democracia e comunidade. O problema é outro; é muito mais difícil formular demandas que nos unam em torno de alternativas positivas do que unir-se para atacar instituições opressivas já existentes. No movimento de direitos civis, a demanda para por fim às leis de segregação era bastante explícita; mas o que não ficava tão evidente era justamente o que significava exigir novas políticas e instituições que pudessem garantir bons empregos para todos, acabar com a pobreza e empoderar as pessoas comuns. E assim que o movimento, nos anos 1960, alterou seu foco para uma agenda mais positiva e voltada para a igualdade em questões de poder político e oportunidade econômica (inclusive articulando diante da necessidade de instituições alternativas para dar conta dessas metas), a unidade do movimento começou a se esfacelar.

Até as últimas décadas do século XX, todo anticapitalista radical tinha uma ideia bastante clara sobre a alternativa ao capitalismo que queria ver. Eles chamavam essa alternativa de "socialismo". É claro, havia desacordos entre esses socialistas sobre como chegar lá. Seria por meio de uma ruptura revolucionária ou de uma transformação gradual por meio de reformas? Mas a disputa sobre como chegar ao socialismo era muito mais acentuada do que sobre suas instituições centrais depois de estabelecido. Falando em termos mais amplos, o socialismo sempre foi entendido como um sistema econômico no qual a propriedade privada seria substituída pela propriedade estatal dos principais meios de produção, assim como os mercados seriam substituídos por alguma forma de planejamento compreensiva e orientada a satisfazer as necessidades das pessoas – e não a maximização dos lucros. Sim, havia ainda muitos detalhes a serem resolvidos e às vezes as discussões sobre os detalhes ficavam acaloradas, mas as definições mais básicas a respeito do socialismo, enquanto alternativa para o capitalismo, pareciam claras o suficiente.

No fim do século XX, poucos dos críticos do capitalismo tinham ainda alguma confiança em uma alternativa ao capitalismo que fosse tão estatista assim. O derradeiro fracasso das tentativas históricas de construir uma alternativa a ordem capitalista na União Soviética, na China e em qualquer outra parte do mundo, desacreditou a ideia de um sistema burocrático planificado e compreensivo. E isso foi tanto por causa do caráter altamente repressivo desses Estados quanto pelas irracionalidades produzidas dentro dessas economias. Mas então será que isso significa que os mercados têm um papel fundamental para construir uma alternativa viável ao capitalismo? Ou devemos imaginar algum novo tipo de planejamento? A propriedade estatal dos meios de produção é essencial para transcender o capitalismo, ou devemos pensar em uma variedade de formas sociais para definir a propriedade que sejam capazes de forjar uma economia pós--capitalista? Os anticapitalistas de hoje mantêm o diagnóstico e a crítica ao capitalismo, no entanto há muito menos clareza a respeito do caráter daquilo que desejam, de alternativas viáveis e atingíveis que tenham o potencial de substituir o capitalismo.

Consideradas todas essas ambiguidades, talvez a palavra "socialismo" deva então ser deixada de lado. Palavras acumulam sentidos por meio de contextos históricos, e o socialismo talvez já tenha ficado comprometido demais com os regimes repressivos do século XX e, portanto, não possa mais servir como termo guarda-chuva para todas as alternativas emancipatórias ao capitalismo. Porém, ainda assim, nas primeiras décadas do século XXI, a ideia de socialismo vem recuperando um pouco de seu prestígio. Em 2016, uma pesquisa da empresa Gallup, nos Estados Unidos, apontou que a maioria dos jovens norte-americanos com menos de trinta anos tinham uma visão favorável do "socialismo". E, em certo sentido, em boa parte do mundo, o socialismo também permanece sendo uma linguagem adequada para falar sobre alternativas justas e humanas ao capitalismo – e nenhum outro termo ganhou tamanha força até agora. Por isso, continuarei usando o termo "socialismo" aqui.

Neste capítulo, irei elaborar uma forma de pensar acerca do socialismo, entendido como um destino possível para além do capitalismo. Na próxima seção, apresentarei uma forma particular de pensar essas estruturas alternativas econômicas. A discussão irá envolver uma grande quantidade de teoria social mais abstrata, mas isso será necessário para poder garantir a precisão de uma série de conceitos. E, logo em seguida, virá uma discussão mais concreta sobre alguns dos componentes de uma economia socialista que podem efetivamente realizar valores emancipatórios.

Um conceito de socialismo com foco no poder

Uma forma de abordar essa reformulação da ideia de socialismo envolve focar na maneira pela qual o poder está organizado dentro das estruturas econômicas, mais especificamente o poder para alocar o uso dos recursos econômicos. É bem verdade que poucos conceitos são mais contestados pelos teóricos do que a noção de "poder", então aqui irei deliberadamente adotar uma versão mais simplificada do conceito: poder é a capacidade de fazer coisas no mundo, de produzir efeitos. Essa pode ser considerada uma visão de poder "centrada no agente", que concebe que as pessoas (individualmente ou coletivamente) usam o poder para efetuar coisas. Em sistemas econômicos, utilizam o poder para controlar atividades econômicas – alocar investimentos, escolher tecnologias que serão desenvolvidas, organizar a produção, gerenciar o trabalho etc.

Poder é a capacidade de fazer coisas, sim, mas ela pode adotar formas muito diferentes. Dentro dos sistemas econômicos, três delas estão particularmente em evidência: o poder econômico, o poder estatal e aquilo que chamarei aqui de "poder social". Os dois primeiros são familiares. O poder econômico é baseado no controle dos recursos econômicos. O estatal no controle da produção das regras e sua execução em um determinado território. Mas o poder social, da forma como estou empregando aqui, é aquele que se enraíza na capacidade de mobilizar as pessoas para agirem coletivamente, de forma cooperativa e voluntária. Se o exercício do poder econômico faz com que as pessoas ajam por meio de *subornos* e o estatal por meio da *força*, então o exercício do poder social pode ser entendido como a capacidade de fazer com que as pessoas ajam por meio da *persuasão*.

O poder social é central para a ideia de democracia. Dizer que um determinado Estado é democrático significa que o poder estatal está subordinado ao poder social. Os líderes em um Estado democrático (na verdade em qualquer Estado) controlam o poder estatal – o poder de fazer as regras e de executá-las sobre determinado território –, mas em uma democracia política, o poder estatal está sistematicamente subordinado ao poder social. A expressão "governo do povo" não quer dizer "governo de uma junção de indivíduos atomizados tomados em separado da sociedade", mas sim que é o governo de pessoas coletivamente organizada em associações voluntárias nas mais diversas formas: partidos políticos, comunidades, sindicatos etc. As eleições costumam ser o meio mais comum para conseguir fazer com que o poder do Estado se subordine ao poder social. E quanto mais essa subordinação é reforçada, mais profundamente democrático o Estado se torna.

Considerando essas três formas de poder, o socialismo pode ser distinguido de outras duas formas de estrutura econômica, a do capitalismo e a do estatismo.

Capitalismo pode ser entendido como uma estrutura econômica na qual a alocação e o uso dos recursos na economia são exercidos pelo *poder econômico*. Investimentos na produção e o seu subsequente controle são resultado do exercício do poder econômico feito pelos donos do capital.

Já o estatismo é uma estrutura econômica na qual a alocação e o uso dos recursos, para os mais diferentes propósitos, são feitos por meio do *poder estatal*. Líderes do Estado controlam o processo de investimento e a produção por meio de mecanismos administrativos estatais, que é por onde eles exercem o poder estatal.

Por fim, o socialismo é uma estrutura econômica na qual a alocação e o uso dos recursos, para os mais diferentes propósitos, ocorrem por meio do *poder social*. No socialismo, todo o processo que envolve investimento e produção é controlado por meio de instituições que permitem que as pessoas comuns decidam coletivamente o que fazer. *Isso fundamentalmente significa que socialismo é equivalente à democracia econômica.*

Essas definições de capitalismo, estatismo e socialismo são aquilo que os sociólogos chamam de "tipos ideais". Como percebemos no capítulo 3, economias são na verdade *ecossistemas* complexos, que variam de acordo com a forma pelas quais essas diferentes relações se misturam e interagem entre elas. Chamar uma economia de "capitalista" é, portanto, uma simplificação de algo que poderia ser chamado também de "um ecossistema econômico que combina relações de poder capitalista, estatista e socialista, no qual as relações capitalistas são dominantes". E, da mesma forma, uma economia é considerada estatista quando o poder estatal é dominante sobre o poder econômico e sobre o poder social. E, por fim, é claro, uma economia é socialista quando o poder social é dominante sobre o poder estatal e sobre o poder econômico.

Reparem que nessa tipologia das formas econômicas não há nenhuma menção ao papel dos mercados. Isso pode parecer estranho, já que muitos debates a respeito das alternativas ao capitalismo são pensados a partir de mercado *versus* planificação econômica. E geralmente as pessoas equacionam capitalismo com mercados. Isso é um erro. Afinal, os mercados teriam um papel em qualquer economia minimamente viável, seja ela estatista, seja socialista, bem como já têm na economia capitalista. A questão é justamente sobre como as diferentes formas acabam moldando as operações de trocas descentralizadas dentro dos mercados – e não se os mercados deveriam ou não existir. Angela Merkel, a chanceler da Alemanha, ficou famosa por cunhar a expressão *democracia de acordo com o mercado*; mas o que precisamos é justamente o contrário, ou seja, de um *mercado de acordo com a democracia* – uma economia de mercado que esteja subordinada efetivamente ao exercício do poder democrático.

A ideia de economias como ecossistemas que combinam tipos diferentes de relações de poder pode ser usada para descrever qualquer tipo de unidade na análise – setores, economias regionais, até mesmo a economia global. Essas relações de poder também interpenetram unidades individuais de produção, de tal forma que até empresas privadas podem ser *híbridas*, operando em um determinado ecossistema econômico que as cerca. Uma empresa capitalista com uma forte participação de trabalhadores e um conselho deliberativo dos funcionários, eleito por eleições internas, tendo assento até mesmo dentro do conselho diretivo – uma mistura entre elementos capitalistas e socialistas. Tal empresa continuaria sendo capitalista, no sentido de que os donos do capital controlariam todos os investimentos da firma, mas parte do controle operacional envolveria uma certa dose de poder social, o que tornaria sua forma capitalista menos pura, por assim dizer.

Uma das implicações desse caminho de pensar os sistemas econômicos é que os contrastes entre capitalismo e socialismo não devem ser vistos como simples dicotomia, na qual a economia é sempre ou um, ou outro. Em vez disso, podemos falar em que *medida* um sistema econômico pode ser capitalista ou socialista. Dessa forma, a estratégia de longo prazo para erodir o capitalismo, tal como vista no capítulo 3, antevê um processo de expansão e aprofundamento dos elementos socialistas que existem dentro do sistema econômico, de tal forma que poderão eventualmente acabar com a dominação do capitalismo. Isso significa aprofundar e expandir as diversas formas de atividades econômicas democraticamente organizadas.

Construindo os alicerces para uma economia socialista democrática

Uma coisa é dizer que a ideia principal para organizar o socialismo é a democracia econômica. Mas outra bem diferente é detalhar o tipo de design institucional necessário para organizar uma economia dessa forma. Tradicionalmente, quando anticapitalistas tentam fazer isso, acabam descrevendo uma estrutura unitária para dar conta de tal alternativa. Por vezes, essa imaginação ganha a forma de projetos muito detalhados e minuciosos. E, mais frequentemente, a alternativa é especificada em termos de um mecanismo institucional distinto, como a propriedade estatal combinada com planejamento centralizado, ou planejamento participativo e descentralizado, ou até mesmo, uma noção de socialismo de mercado, com empresas cooperativadas e geridas coletivamente.

Da minha parte, não pretendo trazer aqui uma estrutura única para pensar em um socialismo democrático.

Não acho que fazer isso é somente uma certa falta de imaginação – embora possa também vir a ser. Na verdade, creio que o problema é justamente que um modelo de economia socialista que orbite ao redor de um único instrumento, tem poucas chances de ser viável. Em vez de confiar em apenas uma instituição, a configuração institucional ideal de uma economia democrática e igualitária tem melhores chances se for uma mistura de diversas formas de participação na planificação, nas empresas públicas, cooperativas, empresas democraticamente reguladas, nos mercados e em outras tantas formas institucionais.

Sendo assim, qualquer design que pensemos para criar instituições econômicas para uma economia pós-capitalista sustentável e democrática, precisa partir da experimentação e da deliberação democrática. "Sustentável", no contexto dessa economia democrática e igualitária, significa que a configuração institucional em questão teria de ser continuamente apoiada por uma ampla maioria de sujeitos participantes dessa economia, já que eles teriam poder para mudar as regras do jogo caso não gostassem dos rumos tomados. Inevitavelmente haverá perdas e ganhos a se considerar, pensando nos diferentes valores que uma economia democrática espera realizar; dessa forma, um conjunto de regras institucionais pode ajudar a lidar com essas relações de perdas e ganhos. Um sistema mais estável, portanto, é aquele que os resultados contínuos de longo prazo, decorrentes das operações mais sistêmicas, reforça o comprometimento das pessoas com essas regras.

Eu realmente não sei que tipo de configuração institucional, pensando nas diferentes formas de organização econômica, funcionaria melhor. Nem tampouco como seriam, em termos práticos, as perdas e os ganhos decorrentes das configurações possíveis. Mas o que posso prever é que uma configuração institucional estável irá conter várias formas institucionais em um padrão heterogêneo.

Assim, em vez de tentar fazer uma abordagem em torno de um plano mais coeso e grandiloquente, o que demonstro a seguir é um inventário parcial acerca dos principais alicerces necessários para a construção de um socialismo democrático. Muitos deles já existem em economias capitalistas e em diferentes graus de desenvolvimento, e, dessa forma, podem ser considerados alternativas imanentes; outros são propostas para novos acordos institucionais que podem ser (mas ainda não são) implementados no capitalismo, pelo menos de forma parcial; e há outros que talvez não possam ser implementados enquanto o capitalismo for dominante. Mas, tomados em conjunto, esses alicerces constituem alguns dos ingredientes mais básicos de um destino democrático para além do capitalismo.

Renda Básica de Cidadania

A Renda Básica de Cidadania (RBC) constitui um redesenho fundamental dos mecanismos de distribuição de renda. E a ideia é bastante simples: todo residente legal em um território recebe uma renda suficiente para viver acima da linha da pobreza sem precisar trabalhar ou dar qualquer outra contribuição. Há um aumento de impostos para dar conta da RBC, então mesmo que todos ganhem essa renda, os que recebem mais se tornariam contribuintes diretos (e, portanto, o aumento dos impostos seria maior do que a renda básica recebida). Os programas públicos já existentes, que visam dar apoio financeiro às pessoas, seriam eliminados – exceto aqueles conectados a necessidades especiais (ligados a pessoas com deficiência). Leis referentes ao salário mínimo também deixariam de ser necessárias, já que não haveria razões para proibir contratos voluntários com salários baixos, considerando que as necessidades básicas teriam sido atendidas pela RBC. E ela também poderia ser calibrada em algum nível apropriado para crianças, ao menos em comparação aos adultos.

A maioria das defesas da RBC afirmam que a renda básica eliminaria a pobreza, reduziria a desigualdade e avançaria em direção à justiça social. Essas são, sem dúvida, questões importantes. Se a renda básica for razoavelmente generosa, isso poderia ser um passo significativo em busca de um ideal igualitário, visando prover para todos igual acesso às condições materiais necessárias para uma vida plena. Porém, no contexto atual, há uma consequência adicional importante referente à RBC: num mundo em que ela existisse, as pessoas poderiam se engajar mais facilmente em iniciativas em prol da construção de novas relações econômicas e sociais. Um dos fundamentos do capitalismo é que a maioria dos adultos precisam de um emprego remunerado para poder saciar suas necessidades. Por sua vez, as medidas testadas de programas de transferência de renda, comuns em Estados de bem-estar social, conseguiram mitigar um pouco dessa necessidade, mas ainda assim era difícil para as pessoas dizerem "não" ao mercado de trabalho capitalista. A RBC pode tornar isso mais fácil e abrir um novo conjunto de possibilidades para as pessoas.

Um exemplo: em um sistema econômico com um programa de Renda Básica de Cidadania, as cooperativas geridas por trabalhadores se tornariam muito mais viáveis, já que para suprirem as necessidades básicas dos trabalhadores, elas não precisariam necessariamente gerar lucro. Isso também significa que essas cooperativas de trabalhadores podem formar melhores bancos de crédito, facilitando as condições das cooperativas para obter empréstimos.

Outra vantagem é que a RBC iria constituir transferência massiva de recursos para as artes, permitindo que as pessoas possam optar por uma vida centrada em atividades criativas, em vez de se preocupar com as rendas geradas pelo mercado. E vejam, isso ocorreria sem a necessidade de pesados controles administrativos, de definições estatais de prioridades para o campo (por meio de bolsas e subsídios), ou até mesmo sem um viés focado nas fundações mais elitistas das artes. A renda básica pode garantir a sobrevivência de pequenos agricultores sem a necessidade de subsídios governamentais – que geralmente beneficiam muito mais o agronegócio que a agricultura familiar. A RBC também criaria uma potencial aliança de poetas e camponeses, que entrariam então em atividades dentro e fora do mercado não mais em estado de vulnerabilidade, mas sim, em segurança.

A economia social e solidária, incluindo novas formas de cooperativas benfeitoras, seriam revigoradas por um programa de renda básica. A RBC também seria uma forma de apoiar pessoas que cuidam de familiares que estão fora do mercado. Dadas as pressões demográficas de uma população que vem envelhecendo cada vez mais, a RBC pode ser pensada como um componente igualitário para soluções cada vez mais baseadas nas comunidades, dirigidas para atender necessidades e focadas no cuidado dos mais frágeis.

A Renda Básica de Cidadania pode, portanto, ser considerada um dos alicerces centrais para a construção de uma economia socialista e democrática, e não simplesmente uma forma de reduzir os males do capitalismo.

A economia de mercado cooperativa

Ainda que mercados possam ser uma característica essencial para que qualquer economia complexa seja viável, empresas capitalistas que operam sob regras capitalistas não precisam necessariamente dominar os mercados. Uma economia cooperativa de mercado é uma forma alternativa de organizar atividades econômicas de mercado que possam expandir o alcance dos processos democráticos. A ideia de "cooperativas" inclui muitos e heterogêneos tipos de organizações econômicas: cooperativas de consumo controladas e geridas por consumidores que indiretamente escolhem um grupo de diretores; cooperativas de crédito, formalmente geridas pelos seus membros; cooperativas de produtores, geralmente formadas por empresas privadas que se unem por vários motivos, seja o processamento de alimentos, a distribuição, o marketing etc.; cooperativas imobiliárias, que incluem sistemas de habitação comunal, coabitações e várias outras formas; cooperativas solidárias controladas por um corpo eleito de acionistas; cooperativas de trabalhadores geridas pela própria classe trabalhadora, governada por meio de um sistema democrático diretivo. Todas essas formas de cooperativas são relevantes para pensarmos em uma economia de mercado cooperativa. E, em um socialismo democrático, as regras do jogo serão feitas para facilitar e dar força a esse conjunto de organizações econômicas.

Cooperativas melhoram a democracia econômica por dois motivos. Primeiro, elas são, em diferentes níveis e maneiras, geridas por princípios democráticos. Cooperativas são, portanto, elementos constitutivos de uma economia mais democrática. O segundo motivo é que as cooperativas estão enraizadas geograficamente, ou seja, o capital investido nelas é muito menos móvel e, sendo assim, incapaz de se mover livremente para fugir das regulações estatais – diferentemente das empresas privadas. Enquanto as cooperativas (como qualquer empresa de orientação mercadológica) podem se opor a certas regulações que afetam seus lucros, elas tem menos poder para bloquear tais regulações por meio de ameaças de se mudar para além da jurisdição de um determinado Estado. Logo, elas são mais facilmente subordinadas às prioridades democraticamente formuladas por meio do Estado.

Entendidas de uma forma mais ampla, esse conjunto de cooperativas econômicas organizadas já é um elemento significativo nas economias de mercado existentes. Um relatório de 2014, das Nações Unidas, intitulado "Medindo o tamanho e a abrangência da economia cooperativa" apontava que na Europa e na América do Norte, mais de um terço da população pertencia a algum tipo de cooperativa; as cooperativas geravam cerca de 7% do PIB da Europa e 4% do PIB da América do Norte. A maioria delas, contudo, era de cooperativas de crédito, de consumo ou de produtores, sendo que muitas operavam como verdadeiras empresas capitalistas. Por sua vez, a forma que verdadeiramente representa a principal alternativa ao capitalismo, no caso, as cooperativas de trabalhadores, se mostrou pequena e tinha um papel muito limitado nas economias capitalistas existentes.

E são justamente as desse tipo, geridas por trabalhadores, que são particularmente proeminentes em termos de possibilidades para uma democracia econômica, pois sua própria forma de gestão ocorre por meio de processos democráticos. Ainda que produzam para o mercado, estão organizadas em torno de valores muito diferentes daqueles das empresas privadas capitalistas: solidariedade, igualdade, governança democrática, dignidade no trabalho, desenvolvimento comunitário. Nas economias capitalistas, com algumas poucas exceções, essas cooperativas acabam isoladas, representando apenas pequenas empresas à margem da economia. Mas em uma economia socialista e democrática, tais cooperativas constituiriam um setor potencialmente substantivo, talvez até mesmo a forma dominante de organização envolvida na produção para o mercado de bens e serviços.

Contudo, há razões para acreditar que as perspectivas em prol das cooperativas controladas por trabalhadores têm melhorado ao longo do século XXI. Em particular, mudanças tecnológicas ligadas à revolução da tecnologia da informação acabaram reduzindo a escala das economias em diversos setores, reduzindo também as vantagens competitivas da produção em larga escala. Por sua vez, isso fez com que firmas controladas de forma democrática por trabalhadores se tornassem potencialmente mais viáveis. Para usar uma terminologia clássica do marxismo, as mudanças nas forças de produção expandiram as possibilidades para novas relações de produção.

Dito isso, a menos que haja significativas mudanças nas regras do jogo dentro das economias capitalistas, esse potencial tem poucas chances de ser concretizado. Algumas dessas regras podem ser alteradas para abrir mais espaço a cooperativas de trabalhadores:

• *Renda Básica de Cidadania.* Como foi possível observar, a RBC iria reduzir a dependência dos trabalhadores em relação aos lucros advindos do mercado, costumeiramente gerados por empresas cooperativas, diminuindo assim os riscos na formação de cooperativas.

• *Programas públicos para facilitar a conversão de empresas capitalistas, especialmente as pequenas, de propriedade familiar, em cooperativas de trabalhadores.* Programas desse tipo já existem nos Estados Unidos e em outros países, e servem para facilitar o processo de distribuição de ações de empresas capitalistas para os seus empregados. Ainda que tais programas de "remuneração acionária" sejam baseados na ideia de um voto por acionista, eles podem constituir uma ponte entre uma corporação capitalista e uma empresa democraticamente controlada e gerida por trabalhadores.

• *Instituições públicas de crédito em apoio às cooperativas.* Já que as cooperativas são componentes críticos para uma economia voltada para a realização de valores como igualdade, democracia e solidariedade, há aqui uma justificativa para a criação de instituições públicas feitas para gerenciar recursos em prol do desenvolvimento cooperativo. Ainda que a RBC torne mais fácil para as cooperativas obterem empréstimos bancários, mesmo assim é preciso capital para o seu desenvolvimento – o que possivelmente os bancos comerciais não iriam contemplar. Isso exige uma nova instituição pública de crédito que tenha um mandato que lhe permita emprestar às cooperativas por juros e taxas mais baixas do que as de mercado.

• *Iniciativas de desenvolvimento de cooperativas com apoio público.* Há um papel potencialmente importante para as municipalidades no que diz respeito ao desenvolvimento de cooperativas. Uma das maiores barreiras que elas enfrentam é o acesso a um espaço que seja economicamente viável, principalmente em áreas urbanas densamente povoadas. As cidades estão em uma posição que lhe permite criar espaços dedicados às cooperativas, entendidas aqui como projetos de desenvolvimento comunitário de longo prazo – pensando em um modelo aplicável, as cidades podem ser donas de terrenos e de construções, e os alugarem para uso das cooperativas. Outro modelo pode ser pensando em terrenos controlados por fundos comunitários e geridos por conselhos eleitos por cooperativas e outros grupos de interesse.

• *Programas de aperfeiçoamento de pessoal para gerenciamento e organização de cooperativas com financiamento público.* Controlar uma cooperativa não é algo simples, especialmente as que deixam de ser muito pequenas. Empresas capitalistas operam em um ambiente de escolas de administração e programas de treinamento e capacitação de gerentes, que provém as habilidades necessárias para essas operações. Uma vibrante economia cooperativa de mercado precisa de programas educacionais para desenvolver e disseminar as habilidades organizacionais necessárias para gerenciar empresas democráticas com eficiência.

Feitas essas mudanças nas regras do jogo do capitalismo, seria possível garantir que as cooperativas de trabalhadores se tornassem uma parte significativa de uma economia de mercado cooperativa.

A economia social e solidária
Economia social e solidária é um termo guarda-chuva para uma imensa variedade de atividades e organizações econômicas amparadas em comunidades, e que incorporam valores igualitários e de solidariedade, além de serem comprometidas com algum tipo de missão focada na justiça social ou nas necessidades das pessoas. Geralmente as organizações que estão dentro da economia social/solidária são cooperativas, mas é possível encontrar outros tipos de empresas: não lucrativas, sociedades mutualistas, associações voluntárias, organizações comunitárias, empresas sociais (firmas comerciais, mas com forte missão social) e até mesmo igrejas. Em alguns lugares do mundo, a economia social/solidária se mistura com o que chamamos de "economia informal", ou seja, atividades econômicas que estão fora daquilo que é reconhecido e publicamente regulado como atividade econômica. Mas elas também podem envolver organizações mais duráveis e permanentes.

Geralmente essa economia social/solidária emerge em meio a comunidades mais pobres e carentes, como uma estratégia de sobrevivência para dar conta de suas provisões sociais. Quando ocorrem crises econômicas mais drásticas, como na Argentina em 2000, ou na Grécia em 2009, várias atividades focadas em economia social e solidária começaram a proliferar: bancos de horas, moedas locais, cozinhas comunitárias, empréstimos de ferramentas, hortas comunitárias, trocas de serviços de cuidados, clínicas gratuitas etc. No entanto, não se pode entender essa economia social e solidária como mera resposta à marginalização e à precariedade; ela também é fomentada por pessoas que tentam construir relações econômicas em uma base mais comunitária, orientada para as necessidades dos outros. A província canadense do Quebec, por exemplo, possui uma economia social/solidária bastante vibrante, que abarca creches, asilos e casas de assistência, cooperativas de reciclagem, grupos de artes performáticas, projetos de moradia solidária, ateliês comunitários e toda a sorte de cooperativas. Ativistas envolvidos nessa economia geralmente compreendem que o seu trabalho está construindo enclaves emancipatórios dentro do capitalismo, que permitirão às pessoas vidas diferentes.

O espaço para uma economia social/solidária certamente teria que ser expandido para uma economia socialista e democrática. A RBC não iria somente ajudar a consolidar cooperativas voltadas para o mercado, mas também tornaria mais fácil para as pessoas optar por atividades de economia social e solidária sem fins mercadológicos – já que a necessidade de obter seu sustento no mercado diminuiria drasticamente. Além disso, a economia social/solidária pode constituir também um modo otimizado de prover certos tipos de serviços. Aqueles voltados para o cuidado dos outros, seja das crianças, dos mais velhos, ou de pessoas com deficiências, são bons exemplos. Isso porque, a princípio, esses serviços poderiam ser pensados a partir de quatro diferentes processos: diretamente via Estado, por empresas capitalistas, pelas famílias, ou por vários tipos de organizações dentro das economias sociais e solidárias.

Em uma economia socialista e democrática, todas essas opções estariam presentes, mas a forma social de uma economia focada no trabalho de cuidado que tenha amparo público, seria muito mais vibrante. O financiamento público incorporaria valores igualitários para garantir que esse seria um serviço acessível a todos; a forma de uma economia social e solidária ampara e até mesmo melhora os valores de comunidade e participação democrática.

Democratizando empresas capitalistas

A ideia de erodir o capitalismo não é uma simples questão de minar a dominação dos investimentos capitalistas e de suas empresas nos mercados; também envolve a erosão do próprio caráter capitalista das empresas. E o que isso significa? Bem, trata-se de restringir o conjunto de direitos que acompanham a "propriedade privada dos meios de produção". Os direitos de propriedade sobre os meios de produção são, na verdade, conjuntos complexos de direitos e, conforme a época nas sociedades capitalistas, o Estado cria restrições significativas a eles. As leis sobre salário mínimo são um bom exemplo disso, pois restringem o direito dos empregadores de pagarem qualquer valor para aqueles que estão desesperados por um trabalho assalariado. Regulamentações visando a higiene e a segurança nos locais de trabalho restringem o direito dos patrões de organizar os processos produtivos de maneira perigosa. Leis ambientais e de controle dos produtos restringem o direito de impor custos e malefícios a consumidores e a terceiros para empresas que têm apenas o lucro como finalidade. Leis que assegurem trabalhadores em seus empregos restringem os direitos dos empregadores de os demitirem quando bem quiserem. E, em uma economia socialista e democrática, esses limites sobre os direitos referentes à propriedade privada das empresas capitalistas devem ser estendidos

112 · Como ser anticapitalista no século XXI?

e aprofundados para conseguirmos avançar rumo aos valores de igualdade, democracia e solidariedade. Tais empresas se manteriam capitalistas apenas no sentido de que indivíduos poderiam investir seu capital nelas e receber algum tipo de retorno por isso, mas os direitos subsequentes a essas firmas capitalistas seriam democraticamente mais restritivos – diferentemente de como é hoje em uma economia capitalista.

Uma dimensão específica dos direitos capitalistas de propriedade que se coloca como um desafio grandioso para a ideia de democracia econômica é o direito dos empregadores organizarem os ambientes de trabalho de forma autoritária, fazendo com que seus empregados não tenham qualquer papel na tomada de decisões. Em uma economia capitalista, a maioria das pessoas acha natural que o poder esteja praticamente todo concentrado nas mãos dos empregadores, seja um único patrão, seja um conselho de executivos de uma grande corporação. Quando você é contratado por uma empresa privada, é claro que o seu empregador tem o direito de lhe dizer o que fazer, pelo menos enquanto essas ordens não violem nenhuma lei. E você sempre pode se demitir, caso não goste dessas ordens. Mas em uma economia socialista e democrática, os direitos básicos de uma democracia teriam de se estender aos locais de trabalho. Isso já ocorre nos dias de hoje, em algumas economias capitalistas. Na Alemanha, por exemplo, as leis de codeterminação exigem que trabalhadores elejam aproximadamente metade dos membros do conselho diretivo de empresas com mais de 2 mil empregados – e cerca de um terço em empresas que tenham entre quinhentos a 2 mil empregados. Muitos países possuem regulamentos que exigem a formação de conselhos eleitos pelos trabalhadores em empresas que atingem um determinado tamanho, dando a eles algum poder para deliberar sobre suas condições de trabalho e sobre os conflitos dentro da empresa.

Em uma economia socialista e democrática, o poder deliberativo dos trabalhadores dentro das empresas seria ampliado e aprofundado. Isabelle Ferreras, em seu livro *Firms as Political Entities* (Cambridge University Press, 2017), propôs uma forma de atingir essa meta: toda empresa capitalista deve ser governada por um conselho bicameral de diretores: uma câmara convencional, eleita pelos acionistas e outra eleita pelos próprios empregados, por meio de um sistema de voto por cabeça. Ela argumenta que empresas são entidades políticas bastante semelhantes aos Estados. Afinal, as maiores corporações do mundo possuem rendimentos anuais muito maiores que a maioria dos países. E, durante o desenvolvimento das democracias representativas dentro dos Estados nacionais, sempre houve um período no qual sistemas bicamerais foram desenvolvidos, representando, por um lado, proprietários (como a Câmara dos Lordes, no Reino Unido) e, por outro, pessoas comuns (a Câmara dos Comuns). Assim, desenvolvendo a analogia, esse conselho bicameral de diretores escolheria quem seriam os principais gerentes das corporações e, mais importante ainda, as decisões corporativas teriam de ser votadas e aprovadas nas duas câmaras. Isso reduziria imensamente o exercício do poder econômico dentro das grandes empresas e ampliaria o espaço para o poder social ser exercido.

O sistema bancário como utilidade pública

Aprofundando-se sobre a necessidade de instituições públicas e especializadas em crédito que foi vista quando tratamos das cooperativas, em uma economia socialista e democrática, a maioria dos bancos seriam utilidades públicas em vez de empresas privadas que visam apenas maximizar os lucros dos seus donos. A maioria das pessoas vê os bancos como um tipo específico de empreendimento que recebe as economias das pessoas – os depositantes – e então empresta esses rendimentos para outras pessoas e negociantes na forma de empréstimo. Assim, bancos são entendidos como intermediários entre aqueles que querem ganhar um rendimento advindo de juros sobre seus depósitos e aqueles que, por sua vez, têm projetos nos quais necessitam de empréstimos para efetivá-los. Só que esse "modelo de fundos passíveis de empréstimos" não nos diz nada sobre como funcionam os bancos. Sem entrar em detalhes técnicos, os bancos emprestam uma vasta quantidade de dinheiro, muito mais do que eles recebem em seus depósitos. De fato, eles acabam criando dinheiro sempre que um novo empréstimo é aprovado. E como eles fazem isso? Simples: pegam um empréstimo com o Banco Central de um determinado país com juros mais baixos do que o cobrado por eles quando emprestam às pessoas. E aí vem o grande truque: o Banco Central acaba criando esse dinheiro do nada. Isso é algo fundamental em uma economia de mercado, pois é essa ação que permite que as pessoas possam lançar projetos produtivos sem que tenham o dinheiro necessário para fazê-lo.

Essa atividade que cria dinheiro do nada só funciona porque, nas economias capitalistas, os Estados autorizam e apoiam bancos privados nessa tarefa – algo que seria uma função pública. Isso faz desses bancos privados, como nos diz o jurista Robert Hockett, verdadeiras franquias estatais. E, no capitalismo, a obrigação dos bancos é basicamente maximizar o lucro dos seus donos; só que em uma economia socialista, bancos precisam ser vistos como utilidade pública e sua obrigação teria de incluir toda uma série de prioridades de caráter social. Mais especificamente, bancos teriam de ser autorizados a considerar as externalidades sociais positivas de seus empréstimos, levando em conta as diferentes empresas e os projetos envolvidos.

Poderiam existir bancos privados com fins lucrativos, junto aos bancos públicos, em uma economia socialista e democrática? Será que o ecossistema econômico dos bancos públicos poderia incluir bancos capitalistas? Bem, como todas as questões a respeito da configuração detalhada das formas econômicas de uma economia democrática, esse talvez seja um tema a ser resolvido por meio de experiências pragmáticas e deliberações democráticas. Poderia muito bem existir um nicho apropriado para os bancos capitalistas em uma economia socialista, mas somente se a dinâmica desses bancos não acabasse sabotando a durabilidade da subordinação democrática do poder econômico ao poder social.

A organização econômica não mercadológica

Ainda que os mercados tenham um importante papel em qualquer noção viável de socialismo democrático, nenhuma economia subordinada à democracia deveria ser constituída exclusivamente (e nem principalmente) por empresas que produzem para os mercados. O tipo de equilíbrio que será encontrado entre as formas de atividade econômicas mercadológicas e não mercadológicas é algo que dependeria de tempo e estaria sujeito a deliberações democráticas. Uma coisa, contudo, é virtualmente certa: em uma economia que tenha sido efetivamente democratizada, atividades econômicas não orientadas em prol do mercado teriam uma variedade de formas e todas elas ocupariam um papel muito mais importante do que o que elas têm hoje no capitalismo.

Provisão de bens e serviços estatais
A forma mais conhecida de prover bens e serviços de maneira não mercadológica é aquela feita pelo Estado – e é também a mais próxima da ideia de socialismo. Isso não implica, por sua vez, que essa provisão seja feita por meio de burocracias centralizadas e de cima

para baixo. A responsabilidade do Estado em garantir bens e serviços públicos específicos pode ter a forma de uma organização estatal direta na produção, no financiamento estatal, ou mesmo na supervisão estatal a organizações não governamentais. Isso abre espaço para formas bastante descentralizadas de produzir serviços garantidos pelo Estado e que envolvam ativamente comunidades locais, tanto na participação quanto na organização de parcerias econômicas entre Estado e sociedade.

Obviamente, não é tão simples assim descobrir que tipo de produção de serviços é mais eficiente, se é aquele produzido por meio dos mercados, pelo Estado ou financiado por meio do Estado, mas produzido por vários tipos de organizações não estatais. Eis uma daquelas questões que precisam ser decididas por meio de um processo democrático deliberativo e pela experimentação enquanto existir uma economia socialista e democrática. Mas a provisão estatal, de forma direta e indireta, certamente incluiria as seguintes áreas: serviços de cuidado – seja de saúde, infância, idosos e pessoas com deficiências; serviços sociais públicos focados em eventos e processos comunitários – como centros comunitários, parques, instalações recreativas, teatros, galerias de arte e museus; educação, em todos os níveis, incluindo a educação continuada, seja em centros de terapia ocupacional como também em programas de recapacitação e especialização técnica; infraestrutura física convencional para transporte; e toda uma série de utilidades públicas. Coletivamente, essas funções podem facilmente englobar mais de 50% da atividade econômica total de uma economia capitalista avançada.

A provisão estatal desses serviços é um elemento socialista e estatal em uma economia capitalista. Na era neoliberal, partes significativas dessa provisão foram parcial ou totalmente privatizadas – geralmente por meio de uma política estatal de subcontratação, favorecendo corporações capitalistas. Nos Estados Unidos, por exemplo, isso incluiu a criação de prisões privadas com fins lucrativos, que oferecem seus serviços prisionais ao Estado; ou subcontratações militares, com empresas que vendem serviços de segurança armada privada para o governo. Em alguns casos, rodovias foram vendidas ou alugadas para corporações privadas. Na Suécia, país símbolo da social-democracia, corporações capitalistas com fins lucrativos passaram a ser subcontratadas para administrar um crescente número de escolas públicas. Ferrovias foram privatizadas em muitos países, bem como os serviços de tratamento de água e esgoto.

É claro, algumas dessas coisas poderiam ser efetivamente garantidas tanto pela ação do Estado como pela dos mercados, permitindo algum tipo de mistura entre ambos. Consideremos, por exemplo, o acesso aos livros. Livrarias e bibliotecas podem garantir ambos. Livrarias comerciais distribuem os livros de acordo com a capacidade dos consumidores de pagar por eles; bibliotecas distribuem para pessoas de acordo com o princípio de "a cada um conforme sua necessidade". Em uma biblioteca, se um livro foi retirado, a pessoa que o deseja fica em uma lista de espera. Os livros então são racionalizados de acordo com o princípio profundamente igualitário de que o tempo de todas as pessoas é igualmente valioso. Uma biblioteca com recursos suficientes poderá usar o tamanho da lista de espera de seus livros como indicador para a compra, ou não, de mais cópias de uma determinada obra. E elas também podem ofertar outros recursos importantes, como música, vídeos, acesso a computadores, ferramentas, brinquedos, salas de reuniões e, em algumas delas, até mesmo espaços para artes performáticas. Bibliotecas constituem, portanto, um mecanismo de distribuição que incorpora o ideal igualitário de dar a todas as pessoas um igual acesso aos recursos necessários para uma vida plena. Em uma economia socialista e democrática, haveria uma expansão de várias formas semelhantes às livrarias, sem seus vínculos mercadológicos, para garantir o acesso das pessoas a uma grande quantidade de recursos.

Quando empresas capitalistas produzem serviços, é o mercado que vai determinar o preço pelo qual eles são vendidos; mas quando são produzidos pelo Estado, o preço torna-se uma decisão política. Para alguns desses serviços, é indiscutível a necessidade de gratuidade para quem o usufrui: educação pública é um bom exemplo. Mas, para outras formas de serviços garantidos pelo Estado, talvez haja ambiguidades. Será que deveríamos cobrar a entrada das pessoas em parques, zoológicos ou museus? E bibliotecas? Rodovias deveriam ter pedágios? Um exemplo mais específico, considerando questões ambientais, é o setor de transporte público. Na maioria das sociedades capitalistas, mesmo quando o transporte público é diretamente provido pelo Estado, passageiros precisam pagar pela passagem. Porém, em uma economia socialista e democrática, certamente a maioria dos transportes públicos seria gratuita para os passageiros. E a razão é bastante simples: há muitos benefícios, para toda a sociedade (em especial para o meio ambiente), se houver transporte público de alta qualidade sendo utilizado pelas pessoas. Esses benefícios positivos são o que os economistas chamam de "externalidades positivas". E são elas que constituem o verdadeiro valor para uma sociedade. Se esse valor for fatorado no preço das passagens individuais, então o preço ótimo deles seria praticamente igual a zero. Diante de externalidades tão positivas, em uma economia socialista democrática, muitos dos serviços públicos tendem a se tornar gratuitos para as pessoas.

Produção colaborativa peer-to-peer

A provisão de bens e serviços por parte do Estado não é a única forma relevante de produção com fins não mercadológicos. Na era da internet, uma forma particularmente interessante de atividade econômica desse tipo está na produção colaborativa *peer-to-peer* (ou "produção P2P"). A Wikipédia é o exemplo mais famoso, envolvendo centenas de milhares de pessoas ao redor do mundo, gente que gasta horas e horas acrescentando novos materiais, monitorando os verbetes, corrigindo erros e buscando fontes para os artigos. E qualquer um pode editar a contribuição dos outros, sendo que ninguém é remunerado por isso. Em 2018, a Wikipédia possuía mais de 5 milhões de artigos em inglês e mais de 1 milhão em outros treze idiomas. Mais do que isso, ela é gratuita para qualquer um que tenha acesso à internet. Considerando o crescente papel das bibliotecas públicas em fornecer acesso a computadores com internet, isso significa que em países capitalistas de economias avançadas (e nem tanto assim), ao menos virtualmente, a população inteira tem acesso livre e ilimitado aos recursos da Wikipédia. Ela foi criada em 2001 e, nesse ínterim, praticamente destruiu um mercado capitalista de mais de duzentos anos: o da venda de enciclopédias.

A Wikipédia existe em um mundo capitalista, mas representa uma forma bastante anticapitalista de produção e distribuição de algo que é considerado valioso para as pessoas. A produção colaborativa *peer-to-peer* não é somente não capitalista; ela está calcada em valores que se opõem ao próprio capitalismo, especialmente os valores de igualdade e comunidade. Para ser mais preciso, nas economias capitalistas atuais, a produção colaborativa P2P ocupa um nicho junto da produção capitalista e geralmente interage sem maiores sobressaltos com empresas capitalistas. Um exemplo disso é o sistema operacional Linux, que foi produzido e constantemente melhorado por meio de um processo colaborativo P2P, mas ainda assim é usado por empresas como Google, entre outras companhias tecnológicas. Elas veem esse recurso como algo suficientemente valioso, para que compense pagar engenheiros de software para colaborarem no processo de produção, mesmo que a própria firma não possa patentear o software – o próprio Linux tem uma patente *open source*, ou seja, de registro aberto, que resulta num licenciamento feito para que não possa ser convertido em propriedade privada. Assim, a produção colaborativa P2P, bem como as bibliotecas públicas, representa ao mesmo tempo tanto uma alternativa igualitária ao capitalismo, como também se mostra funcional sob a égide do capitalismo.

Em uma economia socialista e democrática, a produção colaborativa P2P poderia ter um papel significativo na facilitação de uma série de atividades econômicas. Pensemos no seguinte exemplo: no século XXI, cada vez mais setores inteiros do processo de manufaturas irão depender de formas de produção automatizadas dirigidas por computadores, usando impressoras 3D ou outras máquinas automáticas. Em vários contextos diferentes, essas máquinas irão reduzir significativamente a escala de economias inteiras, permitindo que produtores organizados em cooperativas possam produzir artigos manufaturados conforme demandas locais. E uma questão central para efetivar essa produção em menor escala, de caráter descentralizado e baseada na tecnologia de informação, diz respeito ao acesso que as pessoas têm a formulação do código para os produtos que desejam produzir, bem como o acesso aos equipamentos necessários. Uma forma de criar e distribuir esses códigos é por meio de redes de colaboradores P2P, criando bibliotecas de alcance global voltadas para o compartilhamento de conhecimento. Esses códigos seriam de livre acesso, sem proprietários, sem custo, utilizáveis por qualquer um com acesso aos meios necessários de produção. Dessa forma, os direitos de propriedade sobre os próprios meios de produção (sejam eles máquinas, impressoras 3D e afins) poderiam ser organizados de várias maneiras: por cooperativas individuais, cooperativas de consórcios e pequenas empresas; por municipalidades ou outros entes públicos – e aí emprestadas às cooperativas. As bibliotecas de códigos oriundas da produção colaborativa P2P resolveriam o problema central de acesso a códigos mais sofisticados para produzir certas mercadorias; as licenças *creative commons* para tais códigos garantiriam um igual acesso a eles; várias outras formas de propriedade pública e cooperativa emergiriam e solucionariam a questão do acesso aos meios de produção para a utilização desses códigos.

O commons *do conhecimento: conhecimento comum para todo mundo*
Uma das bases da produção capitalista contemporânea é a ideia de direito de propriedade intelectual, especialmente o de patentes. As patentes são geralmente defendidas alegando-se que elas fornecem incentivos necessários para a inovação e, portanto, gerariam um efeito positivo. Inovar envolve riscos, já que nunca há uma garantia de que o tempo, os recursos e a energia gastos no processo de pesquisa e desenvolvimento terão um resultado bem-sucedido. Muitos desses potenciais inovadores não assumiriam esses riscos, a menos que houvesse algum tipo de segurança, no caso, a restrição do acesso de outras pessoas às suas invenções. É dessa forma que são feitas as promessas das leis de patente para incentivar a inovação. Logo, é claro que dessa forma as patentes também possuem um efeito negativo, pois diminuem a velocidade de difusão, cópia e melhoria das inovações existentes.

  É impossível pesar na balança para saber se os efeitos negativos da ideia de propriedade intelectual superam os positivos. Mas o que sabemos com certeza é que as patentes permitem que corporações restrinjam o acesso à inovação com a finalidade de aumentar seus lucros. Isso teve efeitos particularmente grotescos na indústria farmacêutica, na qual a imposição da proteção das patentes garantiu que corporações pudessem aumentar os preços de vários medicamentos cruciais para valores muito mais altos do que o de seus custos de produção. Mas essas "rendas monopolistas" (para usar a expressão corrente entre os economistas) só ocorrem quando uma patente valiosa bloqueia o acesso a uma determinada tecnologia.

Em décadas recentes, ativistas interessados em tornar o conhecimento universalmente disponível a todo mundo, criaram uma série de alternativas à noção de propriedade intelectual. Em termos mais genéricos, as chamamos de licenças de "*open-access*" (ou "acesso aberto"), mas incluem aqui também *copyleft*, *patentleft*, licenças do *creative commons* e licenças BiOS (Biological Open Source). Essas e outras são licenças utilizadas para proteger a disponibilidade de acesso de softwares, descobertas científicas de aplicação na agricultura e na medicina, produtos culturais, e outras formas de conhecimento. Em uma economia socialista e democrática, ainda que possa haver um papel residual para a propriedade intelectual privada e para a limitação de patentes, ela se caracterizará pela ideia de que o conhecimento e a informação, seja científica, seja tecnológica, serão tratados como parte de um conhecimento comum a todas as pessoas.

Se todos esses itens que exploramos até aqui forem colocados em prática de maneira substantiva, não será mais necessário viver em uma economia capitalista. A combinação precisa de diferentes elementos e a forma como eles poderiam ser conectados, contudo, pode variar imensamente. Alguém poderia imaginar uma economia socialista e democrática na qual a provisão de muitos serviços garantidos pelo Estado seria agora substituída por uma provisão focada na economia social e solidária, mas da mesma forma, não seria uma parte proeminente do ecossistema econômico. Essas economias socialistas poderiam variar em temas como o alcance da produção do mercado quando confrontadas com as diversas formas não mercadológicas de produção de bens e serviços, ou variar sobre o peso relativo das cooperativas quando se depararem com empresas com fins lucrativos. A renda básica e incondicional pode ser um mecanismo crucial para a distribuição de renda, mas alguém pode propor uma configuração na qual "bons empregos para todo mundo" passe a ser a forma básica de garantir a subsistência e o trabalho para todas as pessoas, fazendo com que esses programas de transferência de renda se destinem somente àqueles que não puderem trabalhar. As muitas formas de organização econômica discutidas neste capítulo são, portanto, apenas um inventário a respeito dos alicerces necessários para construir uma economia socialista e democrática – e, é preciso dizer, um inventário parcial. A derradeira configuração de elementos em qualquer futuro no qual seja possível uma economia socialista para além do capitalismo seria resultante de um extenso processo de experimentações democráticas ao longo do tempo.

De volta ao problema da estratégia

Considerando a concepção de um destino para além do capitalismo, a questão estratégica fundamental que se coloca é como vamos criar as condições para que experimentalismos democráticos tornem-se possíveis. Enquanto o capitalismo se mantiver dominante, tais experimentações estarão sempre profundamente constrangidas em seus próprios termos. Porém, no capítulo 3 argumentamos em prol de uma visão estratégica que considera possível criar condições graduais para a erosão do domínio capitalista, fazendo isso tanto por meio de combinações de cima para baixo (desmontando e domesticando o capitalismo) como de baixo para cima (resistindo e fugindo do capitalismo).

Considerando, por outro lado, o quão limitadoras são as relações sociais capitalistas contra qualquer projeto de democratização econômica, é fácil entender o apelo que a ideia clássica de revolução tem, afirmando que o sistema só pode ser destruído por meio de uma ruptura d as relações de poder que sustentam seu domínio. Essa tomada de poder iria colocar as coisas nos trilhos, abrindo caminho no longo prazo para que as experimentações democráticas comecem a funcionar visando uma alternativa emancipatória. Falei anteriormente que essa ideia de ruptura é fantasiosa, ao menos em um futuro próximo, já que não é plausível conceber que uma ruptura sistêmica possa do nada gerar um modelo sustentável de experimentação democrática – algo tão necessário para construirmos uma economia democrática, igualitária e solidária. Mas, a bem da verdade, é certamente possível que uma ruptura sistêmica ocorra em uma futura situação de crise mais intensa; porém, não há nenhuma garantia de que ela geraria as condições necessárias para um socialismo democrático.

Porém, sendo assim, será que erodir a dominação do capitalismo não é igualmente implausível? Afinal, uma coisa é dizer que há espaço dentro do capitalismo para resistir a sua depredação, pois isso acontece o tempo todo. E fugir do capitalismo, como já explicamos antes, é também possível – pelo menos no que diz respeito à construção, dentro das fissuras e nichos específicos do sistema, de relações econômicas que incorporem valores emancipatórios. Basta considerarmos as cooperativas, as produções colaborativas, a economia social, as bibliotecas públicas; todas elas são "lances" possíveis, mesmo quando o capitalismo se coloca como dominante. O problema é justamente que ele cria regras que restringem o espaço para tais "lances". Para dizer mais claramente, as regras existentes não parecem permitir que alternativas cresçam e se transformem em algo significativo o suficiente para erodir a dominação capitalista. E é por isso que a estratégia de erodir o capitalismo precisa também que *desmontemos* o capitalismo – ou seja, mudar as regras do jogo, as regras que constituem as relações de poder de tal forma que abriríamos mais espaços para alternativas emancipatórias nascerem e se desenvolverem. Historicamente, temos alguns exemplos que mostram que as regras do capitalismo foram por vezes neutralizadas em alguns de seus principais malefícios (ou seja, foram formas de *domesticar* o capitalismo). O desmonte, por sua vez, vai além: envolve mudar as regras do jogo que atuam diretamente no núcleo das relações de poder do capitalismo. E esse é um desafio muito maior.

Para entender a natureza desse desafio, devemos nos voltar ao problema do Estado, que será o foco do próximo capítulo.

5

O anticapitalismo e o Estado

Muitas das pessoas que compartilham aspirações emancipatórias em busca de um mundo mais igualitário, democrático e solidário são, infelizmente, extremamente céticas quanto a estratégia de erodir o capitalismo. No bojo desse ceticismo está a ideia de que o caráter do Estado nas sociedades capitalistas torna essa estratégia impossível. Afinal, erodir o capitalismo combina iniciativas dentro da sociedade civil (construindo alternativas econômicas emancipatórias nos espaços possíveis para isso) com intervenções do Estado (que acaba ampliando a quantidade de espaços possíveis). Dessa forma, mesmo que a estratégia de erosão não seja dirigida pelo Estado, ela exige algum tipo de apoio estatal para funcionar. E aí os céticos naturalmente perguntam: se as atividades econômicas ganharem formas emancipatórias e suas relações sociais subsequentes começarem a crescer a ponto de ameaçarem o domínio do capitalismo, elas não serão simplesmente esmagadas pelo Estado? E se, por algum acaso, as forças do anticapitalismo conseguirem, por vias democráticas, controlar o Estado e levar adiante sua agenda política, será que isso não iria provocar as forças pró-capitalistas a agirem em prol da própria destruição da democracia? Consideremos o que aconteceu no Chile, em 1973, quando o governo democraticamente eleito de Allende começou a construir uma agenda socialista: o governo foi derrubado por um golpe militar seguido por dezessete anos de ditadura repressiva. Assim sendo, fica a dúvida: como a erosão do capitalismo pode ser considerada uma estratégia efetiva para transcendermos o sistema, considerando o caráter de classe e o poder coercitivo do Estado?

Para lidar com essa questão, temos que nos confrontar com alguns temas bastante difíceis referentes à teoria do Estado.

O problema do Estado capitalista

A questão central aqui é, olhando para as sociedades capitalistas, se perguntar o quão coerentes, integradas e efetivas são as máquinas estatais que garantem o domínio de longa duração do capitalismo.

Há uma longa tradição em discussões teóricas feitas pelos críticos do capitalismo que veem no Estado um instrumento vital para a reprodução do próprio sistema. Dois argumentos interligados sustentam essa afirmação: o primeiro é que o Estado é controlado por poderosas elites profundamente ligadas à classe dos capitalistas. Elas detêm o poder estatal, de forma mais geral, para servir os interesses dessa classe e, acima de tudo, para bloquear qualquer iniciativa que venha a desafiar o domínio capitalista. O segundo, por sua vez, é que o próprio formato institucional dessas máquinas estatais contribui para a reprodução do capitalismo. A ideia aqui não é dizer simplesmente que o Estado é utilizado por elites poderosas para servir aos seus interesses – ainda que, convenhamos, isso não esteja errado –, mas sim, que a estrutura interna do Estado tem embutido dentro dela um viés que sempre pende a favor dos interesses da classe capitalista. Por essa razão, esse tipo de Estado é chamado de *Estado capitalista*, em vez de ser tratado como *Estado em uma sociedade capitalista*. No fim, esses dois argumentos acabam reforçando um ao outro. O primeiro explica por que as pessoas que tomam as decisões no âmbito do Estado são geralmente hostis a projetos anticapitalistas; o segundo nos faz entender por que mesmo quando temos atores políticos com objetivos genuinamente anticapitalistas, e eles conseguem atingir posições de poder, ainda assim não conseguem sustentar políticas anticapitalistas. Juntos, esses argumentos implicam que o Estado capitalista não pode servir como instrumento político para mantermos uma estratégia de erosão do domínio do capitalismo.

Aqui há alguns exemplos que frequentemente são citados como características do Estado capitalista que contribuem para a reprodução do sistema:

- O Estado capitalista obtém seus rendimentos por meio da taxação da renda obtida na economia de mercado. Isso significa que ele é dependente de uma economia capitalista que seja saudável, vibrante e principalmente lucrativa: sem esses lucros, não há investimento; sem investimento, a renda e o emprego caem; e se renda e emprego caem, a arrecadação tributária cai também. Logo, as ações estatais que enfraquecem a capacidade capitalista de obter lucros tendem a, em última instância, prejudicar o próprio Estado. Até mesmo quando as forças políticas das esquerdas estão no poder, elas precisam se preocupar em manter um "clima favorável aos negócios".
- Os mecanismos para recrutar funcionários para ocupar cargos da alta cúpula do Estado – políticos ou burocratas – favorecem sistematicamente as elites em vez dos cidadãos comuns. Isso cria um forte viés

em favor da preservação das desigualdades referentes a poder e privilégios, tanto pelos interesses políticos específicos daqueles que detém o poder como pelas formas nas quais as elites políticas estão imersas em redes sociais que as unem com as elites capitalistas. Mesmo que um partido político anticapitalista vença as eleições, ele irá se deparar com uma estrutura burocrática repleta de pessoas hostis a sua agenda.

• A santidade da propriedade privada está inscrita no "domínio da lei", que combinada com as regras procedimentais que governam os tribunais, garantem que a propriedade capitalista sempre será protegida pelo Estado capitalista.

Nas versões mais robustas dessas teorias acerca do Estado capitalista, essas e outras características estruturais mostram que a sua função central é, de fato, a defesa e a reprodução do capitalismo. Em suas versões mais frágeis, essas características não *garantem* que o Estado capitalista será funcional de acordo com o sistema – Estados, assim como pessoas, podem cometer toda a sorte de estupidez, o que prejudica o próprio capitalismo. Ainda assim, o caráter do Estado capitalista obstrui a possibilidade do Estado se engajar sistematicamente em políticas contra o capitalismo. Dessa forma, um anticapitalismo mais contínuo seria barrado em suas iniciativas pela própria natureza do Estado capitalista, mesmo que esse não tenha o formato mais adequado para o desenvolvimento do próprio sistema.

Considerando esses elementos, as teorias capturam uma realidade importante: os Estados capitalistas existentes possuem uma tendência que está diretamente ligada à sua estrutura, e ela obviamente aponta em direção ao apoio do capitalismo. Mas isso não significa que o Estado, apesar de todo esse viés estrutural, não possa ser usado (ao menos potencialmente) como arma para enfraquecer o domínio do capitalismo. Duas questões importantes devem ser consideradas: primeiro, que o aparato que forma o poder estatal está repleto de contradições internas. E, segundo, que as demandas funcionais desse Estado são contraditórias. Vamos dar uma olhada nessas questões.

As contradições internas do Estado

Um ponto central na nossa discussão sobre erosão do capitalismo, tratada no capítulo 3, e analisada também na questão do destino para além do capitalismo, no capítulo 4, foi de que o conceito de "capitalismo" deveria ser encarado como um tipo ideal; os atuais sistemas econômicos são combinações confusas de relações capitalistas e não capitalistas, e algumas destas últimas podem ser até mesmo anticapitalistas. É por isso que definimos o capitalismo como um ecossistema econômico no qual o capitalismo deve ser visto como dominante, mas não exclusivo.

Ideia semelhante deve ser aplicada ao Estado. O conceito de "Estado capitalista" é também um tipo ideal. Os atuais Estados capitalistas consistem em arranjos mais frouxos e aparatos sistêmicos heterogêneos, sendo dominantes os mecanismos que ajudam na reprodução do capitalismo. Os aparelhos do Estado, assim como os econômicos, incorporam um viés pró-capitalista, com graus variáveis e desiguais conforme a época e o lugar. Essas variações acerca dos interesses de classe e outros, em diferentes partes do Estado, são o resultado de uma história específica de lutas pelo controle estatal. A trajetória de compromissos e concessões, vitórias e derrotas, está registrada tanto por meio de questões formais como por normas informais dentro das instituições políticas.

De relevância particular acerca da variabilidade do caráter capitalista dentro dos diferentes aparatos estatais está o problema da democracia. Quanto mais as formas democráticas de tomadas de decisão e imputabilidade se tornam robustas, menos evidente fica o caráter puramente capitalista do aparelho estatal. Mesmo a mais ordinária democracia parlamentar sempre teve um caráter de classe contraditório: ainda que possa ser verdade que as regras do jogo eleitoral nas democracias tenham o efeito generalizado de constranger e domesticar as lutas de classe dentro do âmbito do Estado, visando dar suporte a dominação capitalista, também é verdade que conforme as eleições envolvem uma competição democrática real, elas acabam introduzindo potenciais tensões e incertezas sobre o caráter de classe nos corpos legislativos. Em épocas de crise e de mobilização popular, essas tensões podem ampliar os limites de possibilidades para novas formas de iniciativas estatais.

As lutas para aprofundar e revitalizar a democracia podem, portanto, serem pensadas por seu potencial diluidor – sem eliminar, mas diluindo mesmo – do caráter capitalista do aparelho estatal. Essa não é simplesmente uma questão de melhorar o processo democrático da máquina estatal mais cotidiana, mas é também de alargar a variedade de comissões e organizações que interagem dentro dos Estados modernos. Aprofundar a democracia não é simplesmente uma questão de democratizar os Estados nacionais centralizados, mas também de democratizar aparelhos locais e regionais. As lutas acerca da democracia em âmbito local podem ser especialmente importantes em termos de pensar as formas pelas quais as iniciativas estatais podem aumentar os espaços para iniciativas não capitalistas.

Funcionalidades contraditórias e em disputa
Como mencionado, o capitalismo está cheio de tendências autodestrutivas. Alguns exemplos mais conhecidos incluem:

• Cada empregador quer pagar os seus empregados o mínimo possível para maximizar seus lucros, mas isso reduz o poder de compra dos consumidores no mercado, o que, por sua vez, torna mais difícil vender as coisas que os capitalistas produzem.

• Se uma empresa provê um bom treinamento aos seus funcionários, ela terá trabalhadores mais produtivos. Mas gastar com isso pode acabar saindo caro. E se algumas empresas em determinado setor treinam os funcionários e outras não, ainda há o risco de empresas sem treinamento pegarem para elas os funcionários treinados sem ter que arcar com os custos da preparação do trabalhador. O resultado disso é que as empresas ficam hesitantes em fazer gastos extensivos em treinamento de seus funcionários.

• Setores financeiros são propensos a "bolhas" especulativas nas quais as pessoas emprestam dinheiro para investir em mercadorias cujo preço está aumentando. Investidores consideram que as pessoas podem pagar por esses empréstimos facilmente se elas venderem seus investimentos quando os preços estiverem subindo. Mas eventualmente a bolha estoura, os preços caem, o que significa que muitos investidores deixam de receber os seus empréstimos – o que, por sua vez, dispara uma crise no setor bancário. O resultado é uma séria crise econômica e periódica, que pode destruir muitas empresas, criar enormes prejuízos para grande número de pessoas, e aumentar a instabilidade social.

• As desigualdades na renda e na riqueza geradas pelo capitalismo, tendem a aumentar ao longo do tempo; isso gera conflitos, em especial conflitos de classes, que podem se tornar muito custosos para serem contidos.

• Empresas se valem fortemente de estratégias para jogar seus custos para os outros sempre que possível, sendo o clássico exemplo disso a questão da poluição. Ao longo do tempo, essas externalidades negativas podem degradar o ambiente de maneiras muito mais custosas do que podemos imaginar. A crise climática é o exemplo mais gritante.

• A competição capitalista entre empresas gera vencedores e perdedores, o que culmina na tendência de concentração de poder dentro de determinados setores. Esse poder monopolista permite que as firmas ajam de forma predatória, tanto perante os consumidores quanto perante outras empresas capitalistas.

Se o capitalismo fosse deixado por conta própria, essas e outras tendências autodestrutivas iriam sabotar a viabilidade do próprio capitalismo. A ideia de que o Estado capitalista serve para a função de reproduzir o sistema significa que ele tem a responsabilidade de prover toda a sorte de regulações e intervenções – alguns chamam isso de "freios de emergência" – com o intuito de contra-atacar esses processos autodestrutivos.

Isso acaba sendo uma tarefa bastante árdua por uma série de razões: geralmente a complexidade dos problemas indica que as respostas não são nada óbvias, que é difícil saber quais tipos de políticas devem ser aplicadas para obter os melhores resultados na reprodução do capitalismo; soluções eficientes para um dado problema podem envolver a necessidade de ir contra certos setores particulares ou grupos específicos de capitalistas – e suas resistências podem ser suficientes para bloquear soluções funcionais; a variedade de diferentes condições para a reprodução do capitalismo significa que uma solução para algumas dessas tendências destrutivas pode sabotar outras. E isso pode levar a situações bastante vexatórias. Um exemplo são as políticas estatais voltadas para a redução de conflitos sociais, que dependem do desenvolvimento de um Estado de bem-estar social, que exigem níveis de taxação e redistribuição, e que gradualmente prejudicam a acumulação de capital. Isso é por vezes referido como uma contradição entre a função legitimadora do Estado (que busca amparar consensos e reduzir conflitos) e a função acumuladora do Estado (que cria condições ideais para lucros e acumulação capitalista). Outro exemplo pode ser visto em políticas estatais que dão suporte aos sindicatos. Elas podem ser funcionais para o capitalismo enquanto conseguirem reduzir os conflitos de classe mais disruptivos e amparar colaborações construtivas entre gerentes e trabalhadores dentro das empresas, mas ao longo do tempo sindicatos mais fortes podem introduzir exigências mais rígidas nas políticas empregatícias, o que tornaria mais difícil para as empresas responderem a desafios oriundos da competição econômica internacional. A complexidade e as muitas dimensões das exigências funcionais para a tranquila reprodução do capitalismo indicam que nunca haverá um equilíbrio estável: com o tempo, as soluções para alguns problemas tendem a intensificar outros.

Subjacente a muitas dessas contradições presentes nos esforços dos Estados capitalistas em apoiar o sistema está aquilo que podemos descrever como inconsistências temporais entre os efeitos de relativo curto prazo das ações do Estado e as de longo prazo. Ações estatais preocupadas em dar suporte a estruturas econômicas dominantes são, em sua maioria, respostas a problemas, desafios e pressões imediatas. Mas essas respostas podem gerar efeitos de longo prazo muito diferentes do que os originalmente planejados. Portanto, frequentemente, temos uma disjunção entre ações estatais efetivas imediatas e ramificações dinâmicas de longa duração, que em alguns casos podem se tornar verdadeiras ameaças para as estruturas de poder existentes. Como observado no capítulo 3, essa é uma forma de entender a erosão do feudalismo. Os Estados feudais facilitaram o capitalismo mercantil das mais diversas formas, ainda que, no longo prazo, essa nova dinâmica capitalista tenha corroído as relações feudais. Mas o capitalismo mercantil ajudou a resolver os problemas imediatos da classe feudal dominante e, na época, era apenas isso que importava.

De forma semelhante, em meados do século XX, os Estados capitalistas facilitaram o crescimento de um vibrante setor público e o desenvolvimento de uma regulação pública ao capitalismo, diretamente associada à social-democracia. Foi ela que ajudou a resolver uma série de problemas dentro do próprio capitalismo, referidos como "falhas do mercado": demanda agregada insuficiente para prover mercados mais robustos para a produção capitalista; volatilidade destrutiva dos mercados financeiros; inadequação dos bens e serviços públicos para garantir condições estáveis para a reprodução da mão de obra; e por aí vai. Ao ajudar a resolver esses problemas, a social-democracia fortaleceu o capitalismo – porém, e isso é importante dizer, o fez enquanto ampliava o espaço para alguns elementos socialistas no ecossistema econômico: parcial "desmercantilização" da mão de obra por meio de amparo estatal a partes significativas das condições materiais de vida dos trabalhadores; aumento do poder de barganha da classe trabalhadora dentro das empresas e do próprio mercado de trabalho por meio de leis trabalhistas mais favoráveis; aprofundamento da capacidade administrativa do Estado para impor uma efetiva regulamentação do capital, visando lidar com as externalidades mais negativas oriundas do comportamento de investidores e empresas nos mercados capitalistas (como poluição, riscos tanto para os produtos como para os trabalhadores, comportamentos predatórios nos mercados, volatilidade financeira e outras questões). No curto prazo, esse tipo de solução prática incorporara princípios que trazem consigo um potencial de longo prazo para enfraquecer a dominação capitalista. Muitos desses capitalistas não abraçaram as iniciativas estatais e até mesmo se sentiram ameaçados por elas, mas os Estados social-democratas conseguiam ajudar na solução de problemas práticos e eram, portanto, tolerados.

O fato de que esse conjunto de medidas estatais contribuía para a estabilidade do capitalismo do século XX é visto, por vezes, como um indicador de que não havia nada de anticapitalista nessas políticas e, certamente, elas não poderiam corroer o sistema. O que é um erro. É perfeitamente possível que uma forma de intervenção estatal seja uma solução imediata para problemas capitalistas (e ela pode até mesmo fortalecer o sistema temporariamente) e, ainda assim, dar início a dinâmicas que tenham o potencial de erodir a dominação do capitalismo no longo prazo. É por isso que nos Estados Unidos a direita sempre chamou o New Deal de "socialismo aterrador". De fato, é precisamente essa tendência de iniciativas social-democratas com foco em ampliar as formas pelas quais o capitalismo passa a ser atacado, que acabou levando a uma série de ataques aos Estados social-democratas sob a bandeira do neoliberalismo. Conforme os capitalistas e seus aliados políticos passaram a ver que esse Estado estava se tornando caro e criava progressivamente condições cada vez piores para a acumulação de capital, eles esperaram por uma oportunidade política para lançar uma ofensiva contra esse Estado de caráter afirmativo.

Em vários níveis, é possível dizer que o neoliberalismo foi bem-sucedido no desmonte dos elementos socialistas dentro dos Estados capitalistas do século XX, bem como das economias e das sociedades capitalistas. Mas ele certamente não conseguiu eliminar as pressões contraditórias sobre o Estado, ou mesmo sobre as contradições internas das suas estruturas políticas. Nas primeiras décadas do século XXI, essas contradições se tornaram mais e mais agudas, criando um sentimento generalizado de crise tanto dentro da economia como dentro do Estado. E isso acaba, por sua vez, abrindo esses Estados para novas iniciativas que possam resolver problemas imediatos de forma potencialmente importante para abrir espaços para a criação e expansão de alternativas não capitalistas.

Perspectivas

É famosa a citação de Gramsci em que ele afirma que precisamos do pessimismo da razão, mas também do otimismo da vontade. Mas nós também precisamos de um pouquinho de otimismo da razão para poder sustentar o otimismo da vontade. Há duas tendências que sugerem alguma base comum para ficarmos otimistas, pelo menos no que diz respeito a possibilidades futuras referentes a iniciativas estatais que podem dar início a uma dinâmica de erosão de longo prazo na dominação capitalista.

A primeira delas é o aquecimento global, que tem boas chances de dar um fim ao neoliberalismo enquanto forma específica do capitalismo. Mesmo que deixemos de lado tópicos como ações para mitigar a mudança climática por meio da conversão em prol de energias limpas e sem emissão de carbono, as adaptações necessárias para enfrentar o aquecimento global exigirão uma expansão massiva de bens e serviços públicos providos pelo Estado. O mercado simplesmente não irá construir muros para impedir que o mar avance e engula Manhattan. A escala dos recursos necessários para esse tipo de intervenção estatal pode facilmente chegar ao nível das maiores guerras do século XX. Ainda que empresas capitalistas possam lucrar enormemente com a produção de infraestrutura para o Estado – da mesma forma que lucram com a produção de armas e artigos militares em tempos de guerra –, um aumento substancial de impostos e planejamento estatal serão necessários para garantir a expansão do papel do Estado como garantidor da provisão de bens públicos em sentido ambiental. Ainda que o neoliberalismo tenha sido perfeitamente compatível com níveis altíssimos de gastos militares e planejamento estatal, a virada que o Estado deverá dar em termos de construção de uma infraestrutura ambiental de larga escala e regulações que acompanhem essa política, tende a minar a perspectiva neoliberal ideológica e politicamente. Se esses processos ocorrerem dentro das estruturas das democracias capitalistas – um grande "se", é bem verdade – então essa renovada importância dos bens públicos e do papel do Estado irá abrir mais espaços políticos para uma série de ações progressivas em âmbito estatal.

A segunda tendência que os Estados capitalistas terão que lidar ao longo do século XXI é o efeito de longo prazo no mercado de trabalho decorrente das mudanças tecnológicas da revolução da informação. É claro que a cada onda de mudança tecnológica há sempre a perspectiva de que a destruição dos empregos gerada acarreta marginalização generalizada e desemprego estrutural permanente. Porém, em ondas anteriores, o crescimento econômico eventualmente acabou gerando postos de trabalho suficientes em novos setores da economia, tentando com isso superar os déficits no emprego. As formas de automação na era digital, que agora adentram profundamente no setor de serviços (inclusive no setor de serviços pessoais), tornam muito mais improvável um crescimento econômico que garanta uma oferta de emprego minimamente adequada nos mercados capitalistas. A magnitude desse problema é intensificada pela própria globalização da produção no capitalismo. E, conforme o século XXI avança, esses problemas só irão piorar, e não serão solucionados por alguma operação espontânea oriunda das forças do mercado. Isso vai resultar na crescente precarização e marginalização de uma parcela significativa da população. Sem considerarmos questões do âmbito da justiça social, essa tendência provavelmente vai gerar instabilidade social e conflitos ainda mais custosos para o Estado lidar.

Essas duas tendências apreciadas em conjunto apresentam novos e grandiosos desafios aos Estados capitalistas: a necessidade de um massivo aumento na provisão de bens e serviços públicos para lidar com mudanças climáticas e novas políticas para tratar da insegurança e do desamparo econômico generalizados causados pelas transformações tecnológicas – especialmente a automação e a inteligência artificial. Um caminho possível para o futuro talvez seja que a combinação desses desafios leve a uma acelerada erosão da democracia dentro das sociedades capitalistas. E já observamos essa tendência nos Estados Unidos, com a supressão de direito de voto para cidadãos mais pobres ou pertencentes a minorias, com uso intensificado de arquiteturas distritais oportunistas para favorecer grupos políticos de direita e o indiscriminado uso de dinheiro pesado nas eleições. De certa forma, dado a possibilidade de militarismo como resposta para um colapso global relacionado a mudanças climáticas, o fechamento autoritário do Estado reduzindo a democracia a mera formalidade pode ser um dos cenários possíveis. Mas há também uma outra possibilidade: a revitalização da democracia interna, algo que depende de mobilizações populares do campo progressista. Isso poderia abrir possibilidades na produção de novas formas estatais de intervenção que poderiam passar a defender o aumento das formas mais democráticas e igualitárias de atividade econômica, coexistindo ao mesmo tempo com o capitalismo, em uma espécie de ecossistema econômico híbrido.

Falando de forma mais específica, considerem o seguinte cenário.

A necessidade de lidar com adaptações necessárias para as transformações climáticas marca o fim do neoliberalismo e suas estruturas ideológicas. O Estado embarca de vez nas necessárias e massivas obras públicas e passa a ter um papel mais incisivo de intervenção no planejamento econômico, em especial no setor energético e no transporte público, visando acelerar a saída do modelo baseado na emissão de gás carbônico. Nesse contexto, a amplitude dos papéis desempenhados pelo Estado volta para o centro da agenda política, incluindo aqui um expansivo entendimento da necessidade de bens e serviços públicos, bem como a responsabilização estatal para lidar com a crescente marginalização e a desigualdade econômica – já que o pleno emprego por meio dos mercados capitalistas parece algo cada vez mais implausível.

Diante dessas pressões, o Estado é capaz de oferecer duas respostas que poderiam aumentar ainda mais os elementos socialistas e democráticos dentro de um híbrido ecossistema econômico capitalista. Primeiro, essas viradas ideológicas e as pressões políticas subsequentes poderiam amparar a ampliação de empregos financiados pelo Estado, fornecendo bens e serviços em massa para a população. Países ricos certamente podem pagar por essa ampliação dos postos de trabalho; a questão é se haverá vontade política para aumentar impostos a fim de garantir essa meta para além dos limites econômicos existentes. E, segundo, o Estado poderia levar a sério a possibilidade de atuar radicalmente na junção entre meios de subsistência e a necessidade de empregos, introduzindo um programa de Renda Básica de Cidadania, uma proposta política que cada vez mais vem sendo debatida publicamente nessa segunda década do século XXI.

A RBC, como afirmamos anteriormente, é uma forma possível de intervenção estatal que responde diretamente ao declínio das oportunidades adequadas de emprego no interior dos mercados capitalistas, ao mesmo tempo que expande o espaço potencial para consolidar o poder social dentro da economia. Do ponto de vista da reprodução do capitalismo, a Renda Básica de Cidadania iria suprir três lacunas. A primeira é que ela iria mitigar os piores efeitos decorrentes da desigualdade e da pobreza gerada pela marginalização, contribuindo assim para a estabilidade social. A segunda é que a RBC iria afirmar um novo modelo de trabalho gerador de renda: ou seja, a criação de empregos que gerariam uma renda discricionária para as pessoas – o que permitiria uma enorme variedade de posições de trabalho autônomas se tornarem mais atraentes às pessoas, já que elas não seriam tão dependentes da renda vinda do trabalho. E a terceira lacuna é que a RBC estabilizaria o mercado consumidor para a produção capitalista. Enquanto sistema de produção, a automação das empresas capitalistas enfrenta o problema de não empregar gente suficiente para gerar uma demanda agregada capaz de comprar o que elas produzem. A Renda Básica de Cidadania garantiria uma demanda ampla e diversificada para bens de consumo básicos. Por essas razões, a RBC pode se tornar uma opção política atrativa para as elites capitalistas, especialmente no contexto de exaustão do neoliberalismo como ideologia dominante e diante da reabilitação do Estado regulatório.

Se a Renda Básica de Cidadania é uma solução tão atraente para resolver os problemas do capitalismo, como ela pode contribuir para a erosão do sistema? Uma característica central do capitalismo é o que Marx descreveu como dupla alienação dos trabalhadores – ou seja, a simultânea alienação dos meios de produção e a alienação de seus meios de subsistência. A RBC permite que os trabalhadores se reencontrem com seus meios de subsistência, ainda que eles sigam alienados dos meios de produção; mas ainda assim, isso modifica as relações de classe mais básicas do capitalismo. Como vimos no capítulo 4, um sistema de Renda Básica de Cidadania que fosse financiado por impostos garantiria ao Estado a capacidade de dizer aos trabalhadores que eles podem recusar empregos tipicamente capitalistas e escolher, por exemplo, se engajar em toda a sorte de atividades econômicas não capitalistas. Isso inclui aquelas que são construídas por meio do poder social, tais como a economia social e solidária, as cooperativas de trabalhadores, as artes performáticas de cunho não comercial, o ativismo comunitário e tantas outras. A RBC acabaria, portanto, ampliando os espaços vitais para relações econômicas socialistas que fossem sustentáveis – ou ao menos relações empoderadas socialmente. Todas essas possibilidades podem ser melhoradas ainda mais se considerarmos os próprios desenvolvimentos tecnológicos que criaram inicialmente o problema da marginalização, já que a tecnologia de informação acaba reduzindo a escala econômica da produção.

A combinação de uma RBC (que facilitaria a saída das pessoas dos setores capitalistas da economia), com novas tecnologias (que facilitariam o desenvolvimento de formas de produção não capitalistas) e uma conveniente estrutura estatal de dimensão local fornecendo melhor infraestrutura para essas iniciativas significa que, ao longo do tempo, o setor da economia que fosse movido pelo poder social poderia se desenvolver e gerar raízes, expandindo-se de formas nunca vistas.

É importante lembrar que tudo isso ocorreria dentro do capitalismo e inevitavelmente essas formas não capitalistas de produção teriam de encontrar maneiras de se articular perante os imperativos do capitalismo. Muitas demandas dos setores não capitalistas teriam que ser atendidas por empresas capitalistas; produtores teriam de comprar uma parte significativa do seu consumo de empresas capitalistas; e a própria produção estatal de bens e serviços públicos frequentemente exigiria contratos com firmas capitalistas. A RBC facilitaria uma saída para as relações capitalistas, mas de certa forma também subsidiaria o trabalho precário nas corporações, em especial na chamada economia informal. Mesmo depois de estabilizada essa nova configuração, o Estado ainda seria responsável por gerenciar uma economia na qual o capitalismo permaneceria sendo proeminente e, provavelmente, dominante. Mas o domínio do capitalismo seria reduzido, ao menos no que diz respeito a sua capacidade de impor limites às formas pelas quais as pessoas garantem sua subsistência. Isso pode abrir novas possibilidades para as lutas atuais que visam aumentar o escopo do poder social dentro da economia.

No capítulo 3, me referi às reformas que possuem esse duplo caráter como transformações *simbióticas* – ao mesmo tempo que fortalecem o capitalismo resolvendo seus problemas, também expandem as possibilidades para a construção de alternativas emancipatórias. Geralmente anticapitalistas são muito desconfiados das ações que o Estado toma. E, no caso da RBC, se ela acabar subsidiando a precarização do trabalho e a economia informal, isso por acaso não é ruim? Será que isso não significaria que a reforma estaria sendo cooptada pelo capitalismo? Contudo, é exatamente por isso que essa reforma pode ser vista como sustentável. Uma reforma que atacasse diretamente o capitalismo ao dar apoio a alternativas anticapitalistas sem garantir benefícios aos próprios capitalistas estaria permanentemente vulnerável aos ataques destrutivos da classe dominante tão logo o vigor político das forças progressistas entrasse em declínio.

A Renda Básica de Cidadania possui, portanto, um relacionamento paradoxal perante o capitalismo. Por um lado, pode ajudar a solucionar uma série de problemas reais dentro do sistema e contribuir com a vitalidade da acumulação de capital, pelo menos em algumas áreas da economia. Mas, por outro lado, carrega consigo a possibilidade de fazer despertar uma dinâmica que amplie ainda mais os espaços para transformações democráticas e igualitárias intersticiais, de forma que se possa com isso reduzir a dominação capitalista e apontar para um ecossistema econômico que vá além do próprio capitalismo. Nesse contexto, se a RBC for implementada e defendida, ela pode ao mesmo tempo tanto erodir a dominação do capitalismo dentro do sistema econômico como um todo quanto fortalecer as condições para acumulação de capital dentro dos espaços em que o capitalismo opera.

Se o Estado capitalista impõe limites tão estreitos para que essa possibilidade se realize, se são capazes de impedir ações estatais que facilitem o desenvolvimento de processos econômicos não capitalistas, então a erosão do capitalismo é algo remoto de fato. Mas se há disjunções significativas entre a solução de problemas no presente e consequências futuras, e se as forças sociais populares se mobilizarem em torno de uma agenda política de consolidação de espaços para alternativas econômicas, então é possível uma expansão real de atividades econômicas que incorporem valores democráticos, igualitários e solidários. E isso, por sua vez, pode garantir a base fundacional para uma trajetória que nos leve para além do capitalismo.

Democratizando o Estado

O Estado capitalista não foi projetado para transformações sociais de cunho emancipatório; ele foi moldado para sistematicamente apoiar a dominação do capitalismo, tanto pelo acesso privilegiado das corporações e dos mais ricos à burocracia estatal quanto pela própria estrutura institucional do Estado. Mas ele não é uma máquina tão perfeita assim. O truque que as forças políticas socialistas devem explorar é justamente as inconsistências internas do Estado, bem como as contradições com as quais ele se depara ao solucionar problemas que o próprio capitalismo cria. Ao tomar ações nesse sentido, serão expandidas as possibilidades para criação de alternativas econômicas democráticas, igualitárias e solidárias. Mas é crucial, nessa perspectiva de transformação, avaliar a qualidade da democracia que existe dentro do Estado capitalista: quanto mais democrático, maior a chance de criar políticas estatais que apoiem as condições para alternativas não capitalistas. As lutas para "democratizar a democracia" – para usar a expressão do sociólogo português, Boaventura Santos – são, portanto, fundamentais para a erosão do capitalismo.

Democratizar a democracia exige reverter tanto os efeitos antidemocráticos do neoliberalismo no Estado como aprofundar a democracia por meio de inovações institucionais.

O neoliberalismo de fato sabotou a democracia em quatro princípios distintos. O primeiro é que ao reduzir os limites da movimentação global do capital, ele aumentou as pressões externas sobre os Estados para que ficassem cada vez mais atentos aos interesses do próprio capital. O segundo princípio é que ao desregular o setor financeiro, ele gerou mais poder aos financistas para restringir políticas estatais. O terceiro, ao privatizar uma série de serviços públicos, o neoliberalismo fragilizou a capacidade efetiva do Estado em controlar democraticamente a qualidade e o caráter dos serviços públicos. E, por fim, ao enfraquecer o movimento operário, fragilizou não apenas o mercado de trabalho, mas também as fontes mais importantes de poder associativo da classe trabalhadora na arena política. Assim sendo, uma das condições necessárias para uma democracia capitalista efetivamente mais democrática é reverter essas tendências: reintroduzir controles suficientes para o movimento global do capital dar maior margem de manobra aos Estados na economia; voltar a regular o setor financeiro para reduzir a intensiva financeirização econômica; restaurar o envolvimento direto do Estado na provisão de serviços públicos que tenham sido privatizados; e criar um ambiente jurídico mais favorável para a organização dos trabalhadores.

Todavia, restringir os danos causados pelo neoliberalismo nas democracias não é suficiente. A era anterior ao neoliberalismo não deve ser tratada com nostalgia, como a era dourada de uma robusta democracia. A democracia antes do neoliberalismo era restrita e incompleta em praticamente todos os Estados capitalistas. Para criar um arranjo mais propício para amparar o projeto de democratização da economia, é necessário também aprofundar a democracia, onde quer que seja possível fazê-lo. Alguns dos fatores mais críticos aqui incluem uma descentralização democrática do poder, novas formas de participação cidadã, novas instituições para a representação política e a democratização das regras eleitorais.

Descentralização democrática do poder
A ideia de descentralizar o Estado possui um relacionamento ambíguo com a ideia de democratização. Um dos marcos do neoliberalismo foi, de fato, seu chamado para a descentralização, amparado na noção de que a autoridade política mais centralizada é muito burocrática, economicamente ineficiente e frequentemente corrupta. Mas, por sua vez, é típico do neoliberalismo apresentar uma descentralização que nada mais é do que uma fachada para privatização, mercantilização e redução do gasto estatal. A descentralização democrática do poder, por outro lado, está baseada na ideia de que para muitos problemas, as soluções podem ser mais efetivas se vierem de um processo de tomada de decisões conduzido por autoridades públicas e democráticas mais próximas da questão. Para isso funcionar, é fundamental dar maior importância à jurisdição, à autonomia e aos recursos necessários de cidades,

regiões e outras subunidades descentralizadas dentro dos Estados nacionais. Já que uma participação popular significativa é muito mais fácil de obter em escalas menores de governança local, isso abre a possibilidade para um experimentalismo democrático e vigoroso, com alto grau de participação cidadã.

Novas formas de participação cidadã
A descentralização do poder político certamente não é suficiente para garantir melhorias à democracia. Os níveis locais de governo podem ser corruptíveis e autoritários, controlados por máquinas políticas organizadas em torno de mecanismos de apadrinhamento. O que precisamos aqui é de uma combinação de um processo que aprofunde a democracia dentro de esferas descentralizadas da governança, ao mesmo tempo que dá a essas unidades poder e recursos para fazer as coisas acontecerem.

Uma formulação institucional inovadora para atingir esse objetivo é o orçamento participativo (OP). Nele, todo (ou ao menos uma parte) o orçamento organizacional é alocado por meio de processos de participação decisória direta, formulados pelos membros da organização em âmbito local. O OP pode ser aplicado em cidades, escolas, bairros populares, ou qualquer outra organização que tenha um mínimo controle sobre onde alocar suas verbas orçamentárias. A ideia se originou inicialmente na cidade de Porto Alegre, no início dos anos 1990, e de lá se espalhou para o mundo.

Hoje em dia, há muitas formulações para o OP em diversas cidades. Em Nova York, por exemplo, cada distrito recebe uma verba discricionária controlada pelo vereador eleito daquele distrito, que deve ser usada para vários tipos de projetos de infraestrutura, desde tapar buracos no asfalto até a construção de melhorias nos parques. O vereador pode, por sua vez, convocar residentes daquele distrito para que decidam como vão utilizar essa verba. A quantidade de recursos que entram dentro desse tipo de OP varia, mas geralmente vai de 1 a 2 milhões de dólares por ano. Moradores se organizam em comitês voluntários para desenvolver projetos e propostas para a utilização das verbas. E depois que os comitês técnicos da prefeitura determinam o custo das propostas, os residentes podem votar na implementação dos projetos que considerem mais interessantes. No caso nova-iorquino, até mesmo adolescentes e imigrantes sem documentação podem participar, tanto na produção de projetos como no processo de votação.

O orçamento participativo, de uma forma ou de outra, já existe em centenas de cidades. Por vezes, o poder referente ao OP ainda é bastante marginal, dando apenas recomendações para a prefeitura, mas sem o controle efetivo do orçamento. Por vezes um processo de orçamento participativo acaba se tornando uma outra forma de políticos distribuírem favores em troca de votos, criando uma nova máquina de apadrinhamento, em vez de uma expressão legítima da participação democrática. E, além disso, em praticamente toda a parte, as verbas destinadas ao OP são relativamente pequenas. Mas, mesmo assim, os princípios institucionais do orçamento participativo e de outras formas de democracia direta em âmbito local têm o potencial de se tornar uma forma realmente concreta de aprofundamento democrático, ao melhorar as condições para uma participação efetiva do poder popular.

Novas instituições para a representação democrática

O orçamento participativo é apenas um de uma série de dispositivos inovadores e institucionais que estão sendo experimentados ao redor do mundo visando melhorar a participação democrática efetiva das pessoas. Outra inovação para aprofundar a democracia envolve a seleção aleatória de cidadãos para que participem de certos corpos voltados para a tomada de decisões em uma sociedade. O exemplo mais familiar é o dos tribunais dos júris, nos quais cidadãos são escolhidos aleatoriamente para decidir o andamento dos procedimentos de uma corte. Essa forma de seleção ao acaso já foi usada em outros corpos consultivos – por vezes chamados de "minipúblicos" – para dar algum retorno referente às decisões de várias agências governamentais e seus departamentos. Uma proposta mais estrutural, contudo, visaria substituir, dentro de um sistema bicameral, uma das câmaras eleitas por uma composta somente por pessoas escolhidas ao acaso. É claro, isso não seria simples, haveria muitos detalhes a ser resolvidos para tornar a proposta minimamente viável, mas a ideia central é que uma câmara legislativa composta por cidadãos escolhidos ao acaso poderia refletir melhor, ao menos demograficamente, a população para qual o órgão iria representar (melhor inclusive do que as legislaturas eleitas, invariavelmente repletas de gente privilegiada). Uma assembleia aleatoriamente composta estaria em melhor posição para deliberar sobre uma série de temas, refletindo melhor o espectro da sociedade e buscando compromissos que fossem muito menos dominados pelos interesses das elites.

Democratizando as regras eleitorais

Ainda que novas formas de empoderamento da participação cidadã possam contribuir com uma sociedade democrática mais robusta, muito provavelmente qualquer sistema democrático viável irá se basear majoritariamente em eleições representativas. Um problema central para democratizar a democracia, por sua vez, gira em torno do problema de como tornar a democracia eleitoral mais democrática de fato.

O problema específico com as regras eleitorais existentes varia de lugar para lugar. O tipo de sistema eleitoral dos Estados Unidos, por exemplo, é especialmente cheio de falhas, pois os distritos estão sempre sujeitos a prática do *gerrymandering**. Mas cada sistema opera violando, em alguma medida, os valores democráticos – até mesmo aqueles que possuem mecanismos razoáveis de proporcionalidade representativa. Acima de tudo, o que existe é uma incapacidade de isolar o processo eleitoral das influências das riquezas privadas.

Tentar impedir o uso privado de riqueza para influenciar na política e nas eleições não é uma questão simples, principalmente em uma economia capitalista (especialmente aquelas que possuem altos níveis de desigualdade de renda e riqueza). Enquanto o capitalismo permanecer dominante, irá gerar níveis de desigualdade econômica que irão adentrar na esfera política. Mas há formas de reduzir esses efeitos. A questão central aqui é garantir que o grosso do financiamento das campanhas eleitorais seja público, e não privado. Uma forma de conseguir isso, proposta por Bruce Ackerman e Ian Ayers em seu livro *Voting with Dollars* (Yale University Press, 2002), é dar a cada cidadão uma certa quantidade de dinheiro por ano (talvez até mesmo em forma de débito registrado no cartão de crédito) – digamos, cem dólares – para que gastem em política. Qualquer pessoa ou organização política que recebesse financiamento por meio desse pagamento público feito por um cidadão estaria impedida de receber qualquer verba privada por fora. Isso garantiria uma distribuição igualitária do financiamento democrático, o

---

* *Gerrymandering* é uma palavra comum do inglês, mas sem tradução adequada em português. Ela se refere à arbitrariedade nos desenhos distritais, o que influencia enormemente o sistema eleitoral dos Estados Unidos. Assim, mesmo que em determinada região um partido não obtenha a maioria dos votos, ele ainda pode ser eleito conforme o desenho distrital elaborado pelos próprios representantes eleitos. [N. T.]

que serviria como contrapeso para as desigualdades inerentes aos financiamentos privados de campanha.

Caso essas medidas democráticas fossem aprovadas, a democracia dentro do Estado capitalista seria revitalizada e aprofundada, o que permitiria consolidar uma forte possibilidade de usar esse mesmo Estado capitalista para erodir a dominação do próprio capitalismo. Ainda assim, contudo, não haveria nenhuma garantia de que tal possibilidade fosse efetivamente realizada. E se isso vai, de fato, ocorrer, é algo que depende da nossa capacidade de lutar de forma bem-sucedida em prol de reformas simbióticas. O que por sua vez levanta a seguinte questão: quem irá participar dessas lutas? Onde está o agente coletivo capaz de sustentar as lutas que irão erodir o capitalismo? Esse é o assunto do próximo capítulo.

6

Agentes da transformação

De certa forma, o problema mais incômodo para concebermos uma visão estratégica de erosão do capitalismo passa por como criar atores coletivos com coerência e capacidade suficiente para a luta que é sustentar esse projeto de desafiar o capitalismo. Não basta ter um diagnóstico mais sólido, ou formular uma crítica do mundo tal como ele se apresenta, ou mesmo ter uma compreensão convincente sobre as alternativas que queremos e sua viabilidade em transformar esse mundo em um lugar melhor. E nem sequer é suficiente mapear as estratégias que devem nos orientar na direção certa. No fim das contas, para essas alternativas serem tangíveis, o que precisamos é de agentes políticos de transformação capazes de fazer as alternativas acontecerem por meio das estratégias já referidas. E aí vem a pergunta: afinal, onde estão esses atores coletivos?

Começo este capítulo esclarecendo o porquê de atores coletivos serem essenciais para qualquer estratégia plausível que tenha como fim a erosão do capitalismo. Discutirei a noção de "agência" e três conceitos centrais na formação dos atores coletivos: *identidades*, *interesses* e *valores*. O restante do capítulo irá explorar o problema de como nos orientar diante das complexidades impostas na criação de atores coletivos que sejam efetivos para a transformação social do mundo nos dias de hoje. Não poderei oferecer uma resposta mais concreta para a questão sobre onde encontrar esses atores coletivos, mas espero dar luz à tarefa que enfrentaremos na criação deles.

Atores coletivos para erodir o capitalismo

Retomando o argumento central no capítulo 3, a erosão do capitalismo combina quatro lógicas estratégicas: resistir ao capitalismo, fugir do capitalismo, domesticar o capitalismo e desmontar o capitalismo. Em cada uma delas estão envolvidos diferentes tipos de atores coletivos e as coalizões formadas por eles.

Resistir ao capitalismo sempre foi algo central para o movimento operário e muitos movimentos sociais que confrontam as depredações causadas pelo capital. Mobilizações episódicas em forma de protesto e ocupações que tentaram bloquear as políticas de austeridade são bons exemplos contemporâneos. Fugir do capitalismo, por sua vez, é uma estratégia de ativismo comunitário, ancorada em economias sociais e solidárias e numa concepção cooperativa da economia de mercado. Por vezes isso pode envolver grandes associações, com grupos organizados oferecendo suporte a atividades econômicas não capitalistas; em outros casos, os atores coletivos podem ser muito pequenos, tirando vantagem do seu alcance local para criar relações econômicas não capitalistas.

Nem a resistência nem a fuga ao capitalismo envolvem necessariamente ações dirigidas contra o Estado. No entanto, tanto a domesticação quanto o desmonte do capitalismo buscam mudar as regras do jogo e não apenas jogar dentro das regras existentes. Dessa forma, essas estratégias exigem ação política para ganhar alguma dose de poder no interior de estruturas estatais. Domesticar o capitalismo, por exemplo, neutraliza alguns dos males do sistema, especialmente aqueles que podem ser resolvidos por meio de uma rede de seguridade provida pelo Estado. Desmontar o capitalismo, por sua vez, transfere certos aspectos do direito de propriedade do âmbito privado para a esfera pública, e tira do controle da iniciativa privada e dos mercados a oferta de certos bens e serviços. A lógica essencial da erosão do capitalismo é, então, que tais mudanças nas regras do jogo vindas de cima para baixo podem expandir os espaços para construções alternativas às relações econômicas capitalistas de baixo para cima, de tal forma que, ao longo do tempo, poderemos fragilizar o domínio do capitalismo.

Um dos atrativos desse tipo de confluência de estratégias é justamente que ela permite que existam lugares legítimos para diferentes tipos de ativismo que, de formas diferentes, se oponham à dominação capitalista. Em vez de enxergar uma oposição antitética entre ativismo comunitário em torno de economias sociais e solidárias e militância em prol da consolidação do poder estatal, elas podem ser vistas como estratégias complementares. Em termos práticos, isso nem sempre é fácil, é claro, especialmente porque os tipos de organização necessários para diferentes estratégias anticapitalistas são, afinal de contas, diferentes entre si. Mas eles não podem jamais ser vistos como intrinsecamente antagônicos.

O maior quebra-cabeças desse tipo de argumento focado em estratégias para erodir o capitalismo diz respeito à criação de atores coletivos mais fortes e capazes de agir politicamente para desafiar e mudar as regras do jogo do capitalismo rumo a uma direção progressista. Tradicionalmente esse tem sido o trabalho dos partidos políticos. Outros tipos de organizações e associações podem ter um papel relevante na construção de ações políticas diretas em prol de mudanças sociais progressistas: organizações de lobistas, grupos de interesses, sindicatos, associações comunitárias, movimentos sociais e muitos outros. Em algumas épocas e em alguns lugares, organizações como essas podem ter tido efeitos decisivos na perspectiva de uma ação estatal progressista de fato. Mas para esses diversos tipos de atores coletivos ligados à sociedade civil terem eficácia suficiente para poder mudar as regras ditadas pelo Estado, eles precisam estar conectados, de alguma maneira, com partidos políticos capazes de agir por dentro do próprio Estado. Em última instância, a estratégia de erosão do capitalismo depende da existência de uma rede de atores coletivos ancorados na sociedade civil e de partidos políticos comprometidos com esse projeto político.

A questão é, então, como pensar a respeito da interconexão dos diferentes tipos de atores coletivos capazes de agir politicamente. Para ser mais preciso, devemos fazer um breve retorno a um tema clássico na teoria social: o problema da agência coletiva.

O problema da agência coletiva

O campo da teoria social está repleto de discussões sobre aquilo que por vezes chamamos de o problema da relação agência/estrutura. Muitos desses debates são bastante abstratos e por vezes até um tanto obscuros. As questões mais complicadas estão relacionadas com individualismo metodológico *versus* teorias dos sistemas; microteorias *versus* macroteorias, contingências e determinações; e a própria natureza da explicação nas ciências sociais. Não vamos explorar essas questões aqui. O que de fato precisamos é deixar clara a ideia de agência, especialmente de agência "coletiva" e, a partir dela, dar alguma precisão para o problema de criar atores coletivos que sejam eficientes nas lutas contra o capitalismo.

O conceito de "agência"

Enquanto noção abstrata e genérica, a ideia de "agência" se refere àquilo que Göran Therborn afirmou em seu livro *The Ideology of Power and the Power of Ideology* (Verso, 1980), ou seja, que as pessoas são "conscientes, refletindo sobre suas iniciativas em um mundo estruturado e repleto de significado". Elas não são simplesmente programadas para seguir roteiros predefinidos para os seus papéis; elas são capazes de instigar ações, frequentemente com considerável inteligência, criatividade e improvisação. É bem verdade que tal agência ocorre sempre constrangida por todo tipo de limites, tanto aqueles gerados pelas estruturas sociais nas quais as pessoas estão dentro, como limites internalizados, incorporados nas próprias crenças e hábitos das pessoas. Por vezes, esses limites reduzem significativamente a quantidade de ações autônomas possíveis; mas há momentos em que eles são mais frouxos também. De toda forma, seres humanos nunca são meros robôs.

Teóricos e analistas sociais costumam ter diferenças sobre o grau de agência humana em suas explicações sobre fenômenos sociais. Em um dos extremos, temos os teóricos (que por vezes são chamados de "estruturalistas") que se aproximam muito da ideia de que as pessoas simplesmente são portadoras das relações sociais nas quais elas vivem; para eles, é uma ilusão achar que somos capazes de ser os autores das nossas próprias ações. Do outro extremo, temos os teóricos que se aproximam da ideia de negar qualquer relevância explanatória para as estruturas sociais. As pessoas são constituídas por subjetividades complexas e interseccionais, que formam suas próprias identidades e agem sobre o mundo.

No contexto deste livro, creio que não precisamos recorrer a esse tipo de tema tão abstrato. Vou partir do princípio de que as pessoas são capazes de agir de forma consciente, ainda que também sejam criaturas resultantes de hábitos inconscientes e que frequentemente atuem de forma bastante previsível. E isso é algo crítico, porque se as pessoas não forem consideradas agentes dessa maneira específica, não faria então nenhum sentido escrever um livro para falar dos males do capitalismo, do desejo de uma alternativa e dos dilemas resultantes da realização dessas alternativas. A própria possibilidade de estratégia depende de entendermos as pessoas como agentes conscientes.

A ideia de agência aplica-se, então, tanto a indivíduos como, de forma mais complexa, a coletividades. A mudança de algo individual para coletivo é um outro campo minado da teoria social, revelando que as coletividades não "agem" da mesma forma que os indivíduos. Uma frase do tipo "a classe capitalista se opôs ao New Deal" pode significar que "a maioria dos capitalistas se opôs ao New Deal", ou que "organizações e partidos políticos representando os interesses da classe capitalista se opuseram ao New Deal", ou mesmo "poderosos membros da classe capitalista, conectados por meio de redes de sociabilidade e associações privadas, se opuseram ao New Deal e, com isso, outros capitalistas geralmente seguiram a sua direção". Mas uma "classe", como entendemos aqui, não é um simples agente. Atores coletivos possuem bases sociais, mas as bases não são os próprios "atores". Quando me refiro à agência de um ator coletivo, portanto, estou me referindo a vários tipos de organizações e associações nas quais as pessoas se reúnem para cooperar em prol de um objetivo comum. Às vezes elas podem estar ligadas solidamente a uma organização, como em sindicatos ou partidos políticos. Mas, em outros momentos, essa ideia de ator coletivo pode se aplicar a formas mais efêmeras de cooperação, como coalizões ou alianças, ou até mesmo a conceitos mais amplos, como "movimentos sociais". Em todo caso, as pessoas que constituem essas organizações, associações e coalizões são os verdadeiros agentes, mas o fato de que elas tenham se reunido para coordenar suas ações de forma organizada significa que as ações agora possuem um caráter que não é mais individual, mas coletivo.

Esses atores coletivos são essenciais para obtermos uma transformação social emancipatória. Como visto no capítulo 3, muitas mudanças sociais ocorrem pegando as pessoas de surpresa, como se fossem efeitos colaterais da ação humana. Mas é implausível que qualquer transformação social emancipatória voltada para a realização de valores como igualdade/justiça, democracia/liberdade e comunidade/solidariedade possa ser simplesmente um acúmulo de produtos não desejados da ação humana. A emancipação, se é para que se realize de fato, exige estratégia, e estratégia implica em agência. E já que o alvo de algumas dessas estratégias são instituições poderosas, uma estratégia eficiente exigirá agência coletiva. Logo, novamente a pergunta: onde estão os atores coletivos?

Precisamos de três conceitos para começar a explorar essa questão: *identidades*, *interesses* e *valores*, e eles se sobrepõem uns aos outros, formando a base da ação coletiva. As identidades são especialmente críticas para forjarmos solidariedades focadas na agência coletiva; interesses são centrais para darmos uma forma precisa para os objetivos dessa ação; e os valores são importantes para conectar diversas identidades e interesses dentro de significados comuns a todas as pessoas.

Identidades

O termo "identidade", em seu sentido mais genérico, nos ajuda a entender como as pessoas classificam a si e às outras em termos de aspectos que são mais relevantes para as suas vidas. As pessoas têm todo tipo de identidade, incluindo aquelas ligadas a gênero, raça, classe, orientação sexual, etnicidade, nacionalidade, religião, língua e deficiências físicas. Mas isso inclui também coisas como ser um amante de jazz, ser nova-iorquino, intelectual, maratonista, avô, ou mesmo ter uma ideologia política específica. Todas essas identidades (e tantas outras) podem ser vistas como uma resposta à seguinte questão: o que define quem somos? A resposta possui um caráter dual, que é intrínseco a ela: qualquer definição sobre quem eu sou também é definida por outros que sejam parecidos comigo. A identidade de uma pessoa aparece, portanto, como uma complexa intersecção dessas diferentes categorias.

Dependendo do contexto, qualquer um ou até mais de um desses elementos da identidade particular de uma pessoa podem ser subjetivamente mais importantes para ela. Consideremos alguém de classe média, negro, estadunidense, homem, amante de jazz. Pode ter havido épocas e lugares onde ser amante de jazz importou mais para essa pessoa poder descrever quem ela é e quem são seus pares, quem são os outros que são como ele. Ou consideremos um intelectual secular alemão, de ascendência judia. Em 1925, ser um intelectual alemão pode ter sido a sua identidade mais saliente. Mas em 1935, ser judeu pode ter se tornado mais importante.

E este último exemplo nos revela algo importante sobre a ideia de identidade: uma identidade não é simplesmente um atributo descritivo e subjetivo que as pessoas constroem sobre si; ela está intimamente ligada a relações sociais e relações de poder. Aqui vai uma pequena anedota que pode ajudar a esclarecer a questão.

Em 2007, passei uma semana em Sarajevo. Fui convidado por um grupo de estudantes da universidade que estavam organizando uma conferência sobre a relevância de Marx e Hegel em temas contemporâneos. Resolvi ficar para além da conferência e dei uma série de palestras e seminários sobre temas referentes ao meu livro, *Real Utopias*. Os estudantes estavam todos entusiasmados, cheios de ânimo. Eles faziam parte de três comunidades etno-religiosas da cidade: bósnios muçulmanos, croatas católicos e sérvios ortodoxos. Quando ocorrera o cerco de Sarajevo, todos eles eram crianças e, naquele momento, estavam de saco cheio de etno-nacionalismos. Eles desesperadamente queriam ser europeus cosmopolitas. E, no fim daquela semana, me senti muito próximo de alguns deles.

Na última noite, resolvemos ir para um pub e eu disse, de forma bastante ingênua: "Vocês sabem, em termos de identidade, eu me sinto muito mais próximo de vocês do que de qualquer cristão norte-americano mais fundamentalista. Eles parecem que vieram de outro planeta. Vocês não, vocês são pessoas gentis, que compartilham de meus principais valores".

Uma jovem que estava sentada com a gente, por volta dos seus vinte anos, respondeu: "Mas identidade não é sobre isso. Ela não é uma resposta para a pergunta 'Quem sou eu?'. Ela é uma resposta para a pergunta 'O que os outros dizem que eu sou?'. Se fossemos atravessar a ponte e ir para o setor onde ficam os sérvios e você fosse assaltado e um policial visse a cena, ele ia lhe prestar socorro. Mas se fosse eu que estivesse sendo assaltada, ele não iria me ajudar".

E ainda acrescentou: "É um enorme privilégio que as pessoas que vivem em países ricos, com democracias liberais, têm. Poder perguntar, afinal, 'Quem sou eu?', em vez de ter suas identidades coercitivamente impostas sobre elas. A ideia de jovens 'em busca de sua identidade' não faz muito sentido para nós aqui".

Essa história toda ilustra um importante contraponto em relação às muitas formas de identidade que são subjetivamente importantes para as pessoas: algumas delas refletem suas principais diferenças para com os outros, diferenças que importam para elas e as quais elas escolhem cultivar, em maior ou menor grau. Outras, por sua vez, são impostas a elas pela sociedade na qual elas vivem. Nessa semana em Sarajevo, convivendo com todos esses jovens estudantes, experimentei uma identidade comum de intelectuais progressistas, uma identidade que eu escolhi e resolvi cultivar. Mas eles, por sua vez, experimentaram a identidade de uma forma diferente, para eles as identidades eram forças poderosas sobre as quais eles tinham pouco controle. E eu não tinha me dado conta do privilégio inerente a minha própria posição sobre identidade, entendendo-a como se fosse uma questão de autodescoberta.

É claro que as coisas são sempre mais complicadas do que um mero contraste entre identidades impostas e cultivadas. Muitas identidades podem ser impostas e cultivadas. Etnicidade é um bom exemplo disso: a disponibilidade de identidades étnicas numa dada sociedade pode ser concebida a partir das práticas culturais dessa mesma sociedade, enquanto outras podem ser simplesmente atribuídas de modo forçado às pessoas. Mas há também variações consideráveis conforme a importância de uma dada etnia for fortalecida ou enfraquecida por meio de práticas individuais e coletivas. Há momentos em que há lutas bastante agudas dentro de um mesmo grupo étnico justamente sobre isso, especialmente quando a identidade étnica deles depende do conflito com outros grupos. Nos episódios de violência etno-nacionalista na antiga Iugoslávia, nos anos 1990, havia lugares que tinham uma boa quantidade de casamentos entre diferentes etnias e as próprias identidades étnicas estavam bem adormecidas antes do colapso do Estado iugoslavo. Mas agentes políticos engajados em atos de violência étnica criaram uma atmosfera de medo dentro de certos grupos como forma de fortalecer identidades étnicas, usando-as com eficiência para construir atores coletivos amparados por uma identidade étnica comum. De forma mais geral, é possível afirmar que movimentos sociais amparados em identidades impostas acabaram gastando uma

Agentes da transformação · 163

considerável quantidade de energia tentando fortalecer e aprofundar as identidades que eles estavam tentando despertar e mobilizar.

Identidades possuem um papel fundamental na formação de atores coletivos, pois elas facilitam a noção de solidariedade necessária para sustentar uma ação coletiva. Uma ação coletiva de longa duração encontra todo tipo de obstáculo. Se as pessoas se motivam exclusivamente por interesses egoístas e limitados, elas irão considerar sua participação como algo penoso. Isso pode levar ao que chamamos muitas vezes de "pegar carona": ou seja, "sentar na janelinha" e deixar os outros fazerem todo o trabalho duro e arcarem com os custos de sua participação na ação coletiva. Se, por outro lado, as motivações estiverem diretamente ligadas a identidades ou sentimentos de camaradagem entre os membros de um grupo (no sentido de "estamos juntos no mesmo barco"), então as pessoas que pegam carona não são um problema. O forte sentimento de uma identidade compartilhada pode inclusive aumentar o sentimento de confiança e previsibilidade entre potenciais participantes na ação coletiva, e pode também facilitar a formação de atores coletivos mais duráveis.

Identidades enraizadas nas muitas formas de desigualdade social e dominação impostas são especialmente importantes para a formação de atores coletivos emancipatórios. As pessoas vivem dentro de estruturas sociais que não são de sua escolha; as identidades são forjadas, de forma muito significativa, por meio da experiência vivida dentro dessas estruturas. E, em particular, as estruturas sociais são caracterizadas por múltiplas formas entrecruzadas de desigualdade, dominação, exclusão e exploração. Isso gera experiências negativas na vida das pessoas – desrespeito, privação, desempoderamento, insegurança física e abusos –, transformadas em identidades compartilhadas por meio de interpretações culturais, que são objetos de contestação, é claro. Como mencionado, as bases sociais de movimentos emancipatórios – sejam elas classe, raça, gênero, etnicidade etc. – estão profundamente conectadas a essas identidades.

Há mais uma característica sobre as identidades que é importante para pensarmos a formação de atores coletivos capazes de contribuir com transformações sociais emancipatórias. As identidades mudam conforme o tempo e uma das maneiras em que isso ocorre é por meio dos efeitos gerados pelas lutas sociais. A experiência de participar em movimentos sociais e outras formas de ações coletivas pode mudar o sentimento que alguém tem sobre si, sobre que tipo de pessoa ela é. Isso em parte é meramente um resultado espontâneo do compartilhamento de experiências de lutas comum, mas é claro que é também o resultado de uma série de práticas culturais e ideológicas que os movimentos sociais estimulam para cultivar essas identidades em transformação. O resultado pode ser a formação de identidades cultivadas que seriam profundamente ligadas aos atores coletivos envolvidos nas lutas – sejam eles partidos políticos, movimentos sociais, sindicatos –, e não somente aquelas identidades ligadas às categorias que constituíam anteriormente a base social das lutas.

Interesses

Interesses estão conectados às identidades, mas não são a mesma coisa. As identidades são subjetivamente importantes para a classificação das pessoas. Já os interesses referem-se àquilo que melhoraria a vida das pessoas, conforme o que cada um considere importante para si. Os interesses estão, portanto, ancorados nas soluções para os problemas que as pessoas se deparam em suas vidas; identidades são ancoradas, por sua vez, nas experiências vividas que foram geradas parcialmente por esses problemas. Por exemplo, dizer que um sindicato atua de acordo com o interesse dos trabalhadores é afirmar que um sindicato torna mais fácil obter aumento de salários e melhorias nas condições de trabalho. Ou dizer que menos regulação ambiental do governo é do interesse de certos tipos de investidores é afirmar que a taxa de retorno de seus investimentos seria maior diante da ausência de regulação. Portanto, falar sobre interesses é, de certa forma, uma espécie de previsão sobre os efeitos decorrentes de possibilidades alternativas.

As pessoas podem, por sua vez, estar erradas sobre os seus interesses. Os pais podem acreditar, ainda que seja falso, que vacinas geram autismo, o que iria contra o interesse dos seus filhos. Pessoas com baixa renda podem acreditar que a redução de impostos para os ricos irá beneficiar os mais pobres. Esse é o sentido mais comum e significativo para podermos falar de "falsa consciência" – um falso entendimento daquilo que tornaria a nossa vida melhor e sobre quais os melhores meios para chegar a esse fim. Falar em termos de falsa consciência, contudo, não significa falar em falsa identidade. A falsa consciência descreve crenças incorretas sobre como funciona o mundo, o que, por sua vez, leva a visões incorretas sobre os efeitos de diferentes tipos de ação.

Alguns interesses estão profundamente ligados às identidades. Uma pessoa transgênero, por exemplo, tem interesses específicos sobre os tipos de classificação de gênero culturalmente reconhecidos e como eles afetam o acesso a vários tipos de recursos e serviços. Uma minoria linguística em determinado país possui interesses específicos sobre o entendimento oficial de diferentes linguagens, bem como sobre as políticas educacionais que discutem o ensino de línguas. Uma pessoa com uma forte identidade católica pode ter interesses específicos sobre políticas que previnam a ocorrência de abortos. Outros interesses, por sua vez, podem não estar tão conectados a identidades específicas. Os interesses das pessoas quanto a políticas que reduziriam as emissões de carbono e mitigariam a mudança climática não são apenas interesses dos que se identificam como ambientalistas. E os interesses mais amplos das massas em torno de uma democracia econômica não estão necessariamente relacionados aos seus interesses específicos de classe oriundos do capitalismo.

Por causa da complexidade das vidas e das identidades dispostas, as pessoas acabam tendo muitos interesses diversos, alguns deles geralmente estão em tensão e até mesmo são incompatíveis entre si. As pessoas possuem interesses ligados ao seu lugar enquanto classe, gênero, raça, saúde física, religião, etnicidade, nacionalidade, língua, sexualidade... E elas também possuem interesses mais imediatos, assim como alguns de longo prazo, e eles podem estar em tensão. O resultado disso é que quando as pessoas pensam sobre quais são seus interesses, elas inevitavelmente precisam destacar alguns mais do que outros. E um tema central das lutas políticas é precisamente escolher para quais interesses vamos dar maior atenção.

Valores

Quando dizemos que as pessoas estão "conscientes, refletindo sobre suas iniciativas em um mundo estruturado e repleto de significado", não dizemos apenas que elas estão agindo de forma consciente, mas que elas fazem isso a partir de um mundo estruturado e repleto de significados. E uma parte central do significado que uma determinada ação tem envolve os valores – as crenças que as pessoas têm sobre o que é bom, tanto em termos de como elas devem se comportar no mundo como também sobre a forma que nossas instituições sociais devem funcionar.

Valores possuem um relacionamento bastante pleno com interesses. Quando políticos conservadores defendem abatimento de impostos para os mais ricos dizendo que o aumento de investimento (e, consequentemente, de crescimento econômico) é a melhor forma de ajudar os pobres, eles estão evocando um valor social de âmbito mais geral: a pobreza é algo ruim e uma boa sociedade é aquela em que a vida dos mais desafortunados melhora com o tempo. A maioria inclusive concordaria com essa afirmação. Mas *se* fosse verdade que diminuir impostos dos ricos é a melhor forma de ajudar os pobres, de fato nós teríamos um forte motivo para apoiar tal política. Só que, é claro, isso é apenas uma racionalização feita para defender os interesses dos mais ricos. Na maioria das vezes, é relativamente fácil evocar alguns valores mais comuns na sociedade e usá-los como máscara para interesses mais egoístas. Isso também acontece entre as esquerdas, como, por exemplo, quando Estados autoritários usaram as bandeiras do comunismo afirmando que seguiam valores democráticos e eram governados pelo povo. À medida que os valores são importantes para as pessoas é que entendemos como a estratégia ideológica de mistificação funciona.

Os valores sempre tiveram um papel crucial nas lutas emancipatórias. Estudantes brancos que foram para o sul dos Estados Unidos ajudar afro-americanos a se registrar para votar durante o Freedom Summer, o "Verão da Liberdade", de 1964, fizeram isso não porque era de seu interesse, mas porque estavam comprometidos com valores de igualdade, democracia e solidariedade. O movimento que ocorreu nos Estados Unidos e na Europa, fomentando o boicote ao Apartheid na África do Sul, tirando até mesmo investimento de universidades e outras instituições sul-africanas, não ocorreu só por causa dos interesses dos participantes, mas também pelos valores que eles defendiam. É claro que as pessoas se reúnem em lutas sociais porque os objetivos são de seu interesse, mas o comprometimento moral e os seus respectivos valores ajudam a reforçar a participação das pessoas e ampliam o apelo de uma determinada causa.

Valores podem ser, portanto, uma poderosa fonte de motivação. De forma mais crucial, podem até mesmo se tornar uma fonte robusta de identidade. Porque quando esses valores estão integrados em corpos mais ou menos sistemáticos, podem ser pensados como uma dimensão ideológica. E ideologias emancipatórias combinam explicações sobre como o mundo funciona, registram as alternativas possíveis para transformá-lo e afirmam valores. Tais ideologias podem ser bastante elaboradas ou fragilmente construídas; na maioria das vezes, estão repletas de inconsistências internas. Mas, mesmo com essas eventuais contradições, uma ideologia pode se tornar uma importante dimensão da identidade das pessoas.

De identidades, interesses e valores aos atores coletivos

Identidades, interesses e valores não causam a formação de atores coletivos de forma espontânea, e muito menos de atores coletivos politicamente organizados e capazes de contribuir com uma transformação social emancipatória. Ainda que sempre tenhamos identidades, interesses e valores que compartilhamos com outras pessoas, eles não precisam necessariamente ser traduzidos para formas coerentes de organização coletiva. E mais do que isso, quais aspectos – se é que eles existem – da identidade de uma pessoa podem ser traduzidos em solidariedade? Quais interesses e valores conseguem angariar a sua atenção? Isso depende em grande parte da presença de coletividades preexistentes que procuram mobilizar identidades em busca de seus interesses e valores. Convenhamos, esse é um dilema no estilo "o ovo e a galinha": as identidades são críticas para a formação de atores coletivos, mas tais atores exercem um papel ativo fortalecendo alguns destaques específicos de identidades particulares. As lutas sociais geralmente estão em profundo estado de competição, buscando consolidar bases para mobilizar os mesmos grupos de pessoas: classe, nacionalidade ou religião são alguns exemplos disso. A maioria das pessoas, é bem verdade, acaba vivendo suas vidas individuais sem se engajar em qualquer ação coletiva organizada mais significativa, seja ela política, ou cívica.

E esse é o terreno no qual qualquer projeto político para erodir o capitalismo deve operar. É um terreno que oferece três grandes desafios para construirmos atores coletivos capazes de manter uma ação política sustentável ao longo do tempo: 1. sobrepor-se às vidas particulares dos sujeitos; 2. Construir uma solidariedade de classe dentro de estruturas de classe fragmentadas e complexas; e 3. Forjar uma política anticapitalista com a participação de diversas e concomitantes formas de identidade que não sejam baseadas na ideia de classe.

Superando as vidas particulares
A maioria das pessoas geralmente vive suas vidas em redes de sociabilidade ligadas a família, trabalho e comunidade, lidando com problemas práticos da vida cotidiana sem ser mobilizada a dar apoio para nenhum ator coletivo politicamente orientado. As tarefas do dia a dia, em especial depois de ter uma família e crianças para cuidar, acabam exigindo muito tempo, energia e atenção. Não é surpreendente que os jovens, geralmente menos estafados com tantas responsabilidades, sejam aqueles que injetam energia em movimentos, protestos e mobilizações políticas.

A distância que existe entre as vidas particulares das pessoas e o envolvimento público é sempre um problema. E ele se tornou mais complicado em sociedades consumistas, em que as pessoas são levadas a crer que a felicidade pessoal e o seu bem-estar dependem em grande parte do nível individual de consumo – especialmente quando isso é combinado com um mercado de trabalho altamente competitivo, em que conseguir meios privados de consumo depende da sua habilidade de competir com os outros.

Tomados em conjunto, os limites universais de tempo e energia para indivíduos vivendo suas vidas individuais e as questões mais específicas sobre consumismo e individualismo competitivo acabam criando um ambiente difícil para mobilizar atores coletivos politicamente coerentes nos mais diversos países capitalistas contemporâneos. Essas dificuldades historicamente foram mitigadas por vários tipos de associações cívicas que buscam integrar-se à vida das pessoas. Em muitos lugares, duas associações desse tipo tiveram papéis decisivos: sindicatos e igrejas. Os sindicatos, quando são fortes, constroem uma ponte sólida entre a política e a vida cotidiana da classe trabalhadora. Não é coincidência que partidos políticos progressistas e críticos ao capitalismo possuam fortes laços com o movimento sindical. As igrejas, por sua vez, em diferentes épocas e lugares, também consolidaram esse papel, ainda que seu viés tenha sido geralmente mais conservador no âmbito político. As pessoas se reúnem nas igrejas como uma parte de seu dia a dia. E elas falam umas com as outras durante os serviços e compartilham uma identidade mais saliente ancorada na religião. E, por vezes, as igrejas também se envolvem diretamente na organização política, ajudam os fiéis a superarem seus interesses puramente privados, conectando identidades religiosas com interesses políticos. As igrejas negras do sul dos Estados Unidos, por exemplo, tiveram um papel central em prol de uma política progressista durante a era de lutas pelos direitos civis. Nos dias de hoje, por sua vez, as igrejas evangélicas brancas cumprem um papel de superação do clima apolítico das vidas particulares de seus membros, ligando a identidade religiosa com políticas de direita.

As estruturas fragmentadas de classe
A noção de classe é central para uma configuração estratégica visando a erosão do capitalismo. Erodir o capitalismo significa sabotar a sua dominação ao longo do tempo e por dentro do próprio ecossistema econômico, o que, por sua vez, significa reduzir o poder dos capitalistas. A base social mais natural para que essas lutas ocorram está justamente naquelas pessoas que, vivendo em relações de classe, estão diretamente sujeitas à dominação capitalista e sua subsequente exploração, ou seja, a classe trabalhadora. A experiência vivida pelas pessoas dessa classe, em termos de dominação e exploração capitalista, pode prover um contexto adequado para que sejam forjadas fortes identidades de classe. A relação identidade-interesses dos trabalhadores iria, por sua vez, formar o núcleo de uma política progressista capaz de abarcar interesses cada vez mais universais relacionados aos valores de igualdade, democracia e solidariedade.

Como foi dito, em meados do século XIX, Marx acreditava que a dinâmica subjacente ao capitalismo iria empurrar as pessoas, em todas as sociedades capitalistas, a essa condição. De forma mais específica, ele acreditava que, com o passar do tempo, a estrutura de classes do capitalismo se tornaria cada vez mais simplificada, com uma imensa maioria de pessoas compartilhando condições mais ou menos homogêneas de existência, o que tornaria muito mais fácil a tarefa de criar uma identidade de classe. As lutas ideológicas ainda seriam necessárias, ao menos para fazer a classe trabalhadora entender as causas do sofrimento resultante das experiências que eles partilhavam acerca do capitalismo, mas as mudanças que ocorreriam na estrutura de classe fariam com que essa tarefa fosse mais fácil. A classe trabalhadora se tornaria, ao longo do tempo, a base social coerente para a criação de um ator coletivo organizado e politicamente poderoso para enfrentar o capitalismo. Essa aspiração ficou famosa nas últimas frases do *Manifesto Comunista*, onde Marx afirma: "Os proletários do mundo não têm nada a perder a não ser os seus grilhões. Eles têm um mundo a ganhar. Proletários do mundo, uni-vos!".

Mas não foi assim que a estrutura de classes se desenvolveu nos últimos 150 anos. Ao invés de aumentar a homogeneização da classe trabalhadora, o que vimos foi uma estrutura de classes cada vez mais complexa, de forma que isso tornou mais e mais difícil o sentimento compartilhado de destino comum e de condições de vida. Ainda que seja verdade que, nas últimas décadas, a distribuição de renda tenha se tornado mais polarizada em países capitalistas avançados (o que deu força ao slogan "nós somos os 99%"), não é exatamente verdade que esses 99% compartilhem das mesmas experiências. Mesmo que levemos em conta que esses 99% consistem de trabalhadores assalariados que vendem sua força de trabalho no mercado – uma definição bastante ampla de classe trabalhadora – há uma fragmentação generalizada das experiências vividas, o que torna uma identidade de classe compartilhada por todas as pessoas muito mais difícil de ser forjada. Para listar apenas algumas dessas complexidades, as experiências da classe trabalhadora variam em termos de nível ou segurança referentes a renda; de acordo com a precariedade do emprego a que elas estão submetidas; com relação à autonomia que elas têm dentro de seus próprios trabalhos; dos níveis de capacitação e educação formal exigidos para determinada vaga; das oportunidades que elas têm para serem criativas no emprego; e por aí vai.

Para usar a metáfora do jogo, analisada no capítulo 3, a classe trabalhadora pode ter alguns interesses compartilhados entre ela em termos de "jogo" – uma democracia econômica, enquanto alternativa emancipatória diante do capitalismo, iria tornar a vida dos trabalhadores muito melhor –, mas em termos de regras ou mesmo de jogadas possíveis dentro desse jogo, a classe trabalhadora se veria ainda fragmentada, com interesses divergentes. As lutas econômicas dentro do capitalismo estão em grande parte baseadas nas jogadas que fazemos e nas regras do jogo e, no fim das contas, essas lutas acabam intensificando as divisões, ao invés de silenciá-las. Muita gente ainda vive a classe como uma identidade relevante, mas isso não garante uma base universalizante para a construção da solidariedade que, como progressistas, esperamos que exista.

A competição das identidades
O terceiro maior desafio para forjar atores coletivos politicamente fortes contra o capitalismo diz respeito à heterogeneidade das diferentes fontes de identidade na vida das pessoas. E aqui está o problema: o anticapitalismo é, em seu âmago, um projeto de classe, mas as identidades de classe competem de inúmeras formas com todo o tipo de identidade que possa ser base de ações coletivas emancipatórias.

Em uma primeira aproximação, podemos distinguir duas situações: algumas identidades não classistas podem constituir bases distintas para lutas emancipatórias e têm o potencial de serem elementos constitutivos de políticas progressistas; mas outras identidades não classistas, por sua vez, podem gerar interesses hostis às alternativas emancipatórias contra as estruturas e instituições sociais existentes, constituindo obstáculos nessa luta.

Um dos marcos da política mais progressista recente foi a importância dada a identidades amparadas nas experiências de dominação, desigualdade e exclusão para além da classe. Os exemplos contemporâneos mais familiares incluem raça, etnia, gênero e sexualidade. Movimentos sociais e outros tipos de atores coletivos baseados nessas identidades se tornaram cada vez mais proeminentes no âmbito político, mais até do que atores coletivos anticapitalistas de caráter mais classista.

Os interesses diretamente ligados a essas identidades não classistas não são os mesmos da identidade de classe, mas os *valores* desses interesses conectam-se com os valores de um anticapitalismo de caráter emancipatório. Consideremos identidades calcadas na opressão racial. Minorias que são vítimas de opressão racial possuem uma relação entre identidade-interesse visando o fim da discriminação e da dominação racial. Mas esses não são os mesmos interesses da classe trabalhadora. E, por vezes, de fato, há tensões nessa relação identidade-interesse entre minorias raciais e trabalhadores. Um exemplo disso é quando as lutas contra discriminação racial afetam o próprio mercado de trabalho, aumentando a competição para os trabalhadores brancos. Ainda assim, ambos interesses compartilham de um valor igualitário, em prol de um igual acesso aos meios necessários para uma vida material e social plena. O mesmo pode ser dito em relação às opressões ligadas ao gênero e à sexualidade: o preconceito que elas sofrem gera uma relação entre identidade-interesse distinta das de classe, mas elas compartilham esse mesmo valor igualitário fundamental para o anticapitalismo emancipatório. Os valores, portanto, constituem uma base potencial para construirmos uma unidade política para além dessas identidades tão diversas.

Qualquer esforço para construir um ator coletivo anticapitalista forte o suficiente precisa se deparar com a complexidade dessas múltiplas identidades que se intersectam entre elas e compartilham de valores emancipatórios, ainda que possuam interesses diferentes. Potencialmente falando, um problema muito mais difícil que se apresenta é sobre as identidades não classistas que possuem interesses profundamente hostis aos valores associados ao anticapitalismo. Nas primeiras décadas do século XXI, convém destacar que, no mundo capitalista desenvolvido, é possível observar identidades baseadas no domínio racial e no nacionalismo excludente. Aquilo que ficou conhecido como "populismo de direita" mobiliza agora sujeitos por meio de interesses associados a identidades excludentes. E a atração de significativos segmentos da classe trabalhadora a esse tipo de formação política é um desafio imediato para as perspectivas de qualquer forma de anticapitalismo emancipatório.

É fácil – ainda que eu considere um equívoco – ver a força desse populismo de direita como algo alimentado somente por identidades nacionalistas que são virulentamente racistas e excludentes. Sim, há pessoas que sem dúvida alguma são atraídas por esses movimentos políticos porque são de fato profundamente hostis a minorias raciais, imigrantes e outros grupos. Mas, para muitas delas, talvez a maioria, esses aspectos das políticas populistas de direita ganham relevância por causa de um contexto político específico, pela própria falta de alternativas disponíveis a elas. No início dos anos 1990, os partidos políticos que tradicionalmente estavam vinculados à classe trabalhadora acabaram abraçando, em muitos níveis, a ideia central do neoliberalismo: sempre que for possível, os mercados e a iniciativa privada deveriam substituir os programas estatais, como forma de fomentar o dinamismo econômico e resolver problemas sociais. A desilusão quanto à capacidade desses partidos em melhorar as vidas da maioria da classe trabalhadora criou um vácuo político que permitiu que o populismo de direita ganhasse tração. Ainda que o nacionalismo excludente e o racismo sejam parte do horizonte cultural das identidades em muitos lugares do mundo, o quanto eles se tornam centrais ou são minimizados é algo que depende inteiramente da política.

A política real

A formação de atores coletivos politicamente organizados e efetivos é essencial para erodir o capitalismo. E, em todo lugar em que há ativistas políticos tentando construir atores coletivos que se oponham ao sistema, eles enfrentam obstáculos como vidas cada vez mais focadas no âmbito privado, estruturas de classe fragmentadas e identidades em competição umas com as outras. Esses são problemas universais. Os desafios práticos que surgem quando refletimos sobre como conseguir superar esses obstáculos dependem, contudo, de contextos específicos, e eles variam enormemente conforme a época e o lugar.

O individualismo competitivo, por exemplo, é uma característica mais comumente encontrada na cultura dos Estados Unidos e que se intensifica conforme as pessoas passam por essa imersão alienante em suas próprias vidas. Mesmo nos países capitalistas desenvolvidos, há muita diferença quanto à intensidade e às formas da fragmentação da estrutura de classes, assim como sobre a extensão e a distribuição do emprego precarizado e o grau de desigualdade no interior da classe trabalhadora. A importância do racismo como um dos principais obstáculos para a formação de atores coletivos que defendam políticas progressistas fortes perpassa diversos países. Trata-se de um fenômeno mais perceptível, historicamente, nos Estados Unidos, ainda que em décadas mais recentes, diante do aumento da imigração de povos africanos e árabes para a Europa, o racismo tenha se tornado maior também nesse continente, especialmente perante a crise de refugiados oriunda das guerras no Oriente Médio. Na Europa de meados do século XX, a luta contra o racismo não era uma questão central para os principais atores anticapitalistas; mas hoje é. Essa é uma das muitas questões em que os desafios decorrentes de vidas cada vez mais particularizadas, de estruturas de classe fragmentadas e de identidades em competição, se apresentam.

E mais, para além dessas variações em termos de contexto social, que envolvem a formação de atores coletivos, há enormes diferenças entre as instituições políticas em cada país, o que afeta a forma como ativistas políticos do campo progressista operam. Isso molda profundamente os problemas práticos que ativistas enfrentam na formação política de atores coletivos. E é especialmente crítico diante da tarefa de construir uma capacidade política durável e que possa efetivamente competir pelo poder estatal por meio da política eleitoral, que consiga usar o Estado para domesticar o capitalismo e, de forma substantiva, desmontar aspectos centrais das relações econômicas capitalistas, tal como proponho com a ideia de erodir o capitalismo. Protestos e mobilizações por fora do Estado podem ser eficientes para bloquearmos certas políticas estatais; mas eles não são tão fortes e efetivos na hora de mudarmos as regras do jogo em prol de uma agenda progressista. Para que isso possa de fato acontecer, protestos externos devem estar ligados aos partidos políticos e precisam conseguir aprovar leis e implementar novas regras para o jogo. E isso exige que os partidos sejam capazes de disputar efetivamente as eleições.

O processo de criação dessa capacidade política está profundamente afetado pelas regras políticas do jogo, incluindo aqui:

> • *As regras que controlam a representação política*: o princípio de que numa eleição distrital, quem vence a maioria dos distritos, é eleito (mesmo que

não tenha a maioria de votos); segundos turnos em distritos com voto exclusivo no candidato, incluindo segundas votações instantâneas; várias formas de representação proporcional; eleições apartidárias (especialmente em âmbito local);

• *As regras que controlam o desenho dos limites dos distritos eleitorais*: o *gerrymandering* controlado por partidos; comissões independentes.

• *As regras que controlam a seleção dos candidatos*: sistemas nos quais os partidos políticos controlam a seleção dos candidatos; sistemas de eleições primárias nos quais os votantes escolhem os candidatos; eleições apartidárias nas quais os candidatos podem se candidatar por meio de petições e assinaturas.

• *As regras que controlam o financiamento de campanha*: o grau de restrição de dinheiro privado financiando eleições, incluindo aqui proibições sobre contribuições e corporações; várias formas de financiamento público.

• *As regras que controlam a elegibilidade para poder votar*: registro automático de todos cidadãos adultos; várias regras que restringem ou suprimem o título eleitoral (seja de ex-criminosos, controle do título, exclusão de listas eleitorais etc.).

Essas regras (e outras) afetam significativamente o tipo de tarefa e de dilemas que ativistas do campo progressista enfrentam na tentativa de expandir a capacidade de ações coletivas politicamente eficientes. Será que ativistas anticapitalistas deveriam fazer um trabalho progressista dentro de partidos já estabelecidos de esquerda e centro-esquerda, ou devem formar novos partidos? Eles devem concentrar seus esforços de contestação política no âmbito local, regional ou nacional? Que tipo de laços eles deveriam manter com outros movimentos sociais progressistas e com os demais partidos políticos? Dada a complexidade e a variabilidade tanto do contexto social quanto das instituições políticas, não há como apresentar nenhuma fórmula capaz de responder a essas questões.

Mas ainda que não exista uma receita mágica, há ao menos alguns princípios que podemos formular, a partir de nossa análise, para conseguirmos formar atores coletivos que consigam erodir o capitalismo.

Em primeiro lugar, a discussão sobre valores deve estar no centro de uma política progressista. Os três conjuntos de valores discutidos no capítulo 1 – igualdade/justiça, democracia/liberdade e comunidade/solidariedade – devem ser tornados explícitos e explicados constantemente. As discussões sobre valores, é claro, podem se tornar grandiloquentes, mas vazias em termos de significado real. É importante enfatizar, por sua vez, a forma como esses valores se relacionam a políticas concretas que avançam em direção a uma democracia econômica radical.

Em segundo, os valores podem prover uma conexão vital entre os interesses de classe (que estão no centro do projeto de erodir o capitalismo) com outras identidades e interesses que possuam aspirações emancipatórias. O que foi muitas vezes tomado como "identitarismo" por parte de categorias sociais oprimidas deve ser, na realidade, um elemento integral dentro de uma política emancipatória mais ampla, e não uma mera questão secundária. A tarefa que surge para anticapitalistas é tentar construir uma política voltada para a erosão do capitalismo, mas que inclua programas de reformas explícitas que reconheçam diferentes identidades e interesses, conectando-os a uma agenda de erosão por meio da defesa incondicional da igualdade como valor, ou seja, da ideia de igual acesso aos meios sociais e materiais necessários para uma vida plena.

Em terceiro lugar, o valor da democracia, ao menos quando escrevo este livro, merece uma ênfase particular para que seja possível articular um programa concreto e objetivo para uma política progressista. Uma democracia mais profunda e mais real é do interesse de boa parte da população, que vai além da própria classe trabalhadora. A fragilidade democrática em países capitalistas constitui um dos principais obstáculos para avançarmos, politicamente, em prol da diminuição da dominação capitalista existente hoje. Mas os esforços para restaurar e aprofundar a democracia também podem acabar constituindo uma espécie de objetivo comum, capaz de unificar as pessoas, trazendo aquelas que inclusive são menos simpáticas a uma agenda mais ampla de anticapitalismo.

E em quarto, é importante lembrar que o plano mais amplo é de erodir o capitalismo e que ele não está centrado apenas no Estado e, é claro, lembrar também que os partidos políticos não são os únicos atores coletivos necessários para que essa estratégia seja colocada em prática. Erodir o capitalismo depende muito de resistir ou/e fugir do capitalismo, concentrando-se também nas políticas de domesticar e desmontar o sistema. Em particular, os esforços na construção e expansão de economias sociais e solidárias, de uma economia de mercado cooperativa e de todo um novo conjunto de práticas econômicas abertas às novas relações vinculadas aos avanços da tecnologia da informação (como, por exemplo, a produção colaborativa *peer-to-peer*) são essenciais para essa erosão em longo prazo. Lembrando que erodir o capitalismo significa encurralar o sistema, revertendo privatizações de bens e serviços públicos e expandindo as diversas formas de atividade econômica não capitalista por fora do Estado. Novos desenvolvimentos tecnológicos que reduzem a escala das economias e facilitam a cooperação entre os agentes irão, possivelmente, estimular essas formas não capitalistas de organizar a vida econômica. Reconhecer a importância dessas iniciativas a partir de baixo e, com isso, formular políticas reformistas que expandirão o espaço econômico para o seu desenvolvimento também irá aprofundar a base social para uma agenda mais ampla e inclusiva de erosão do capitalismo.

Em países desenvolvidos com democracias capitalistas, nos dias de hoje, há um sentimento generalizado de que o sistema político e econômico não está indo bem, talvez que ele até mesmo esteja se desfazendo diante de nossos olhos. Tanto o Estado quanto a economia parecem incapazes de responder, de forma coerente e criativa, aos desafios que enfrentamos, como os que envolvem a adaptação às consequências das mudanças climáticas, ou mesmo a mitigação de suas causas; a crise de refugiados de âmbito global, que tendencialmente irá se intensificar nas próximas décadas, conforme refugiados de desastres climáticos se somarão aos de zonas de guerra e aos imigrantes econômicos; o aumento da polarização econômica dentro dos países mais ricos; a perspectiva de um futuro "sem emprego" decorrente da automação e da inteligência artificial, ou (na melhor das hipóteses) um futuro em que os empregos gerados pelo mercado serão divididos entre os que exigem um alto nível de instrução formal e são bem pagos de um lado e, de outro, aqueles que serão precários e mal remunerados. O capitalismo tal como ele existe hoje é o maior obstáculo para conseguirmos efetivamente lidar com esses problemas.

Uma reação a essas tendências é se deixar abater e perder as esperanças. O capitalismo parece invencível. O desmonte e, em alguns lugares, até mesmo a desintegração dos partidos políticos tradicionais, gerou um sentimento de incompetência política e paralisia. Isso criou uma abertura para uma direita repleta de populismo nativista crescer. E é fácil imaginar que, diante disso, teremos um futuro no qual a erosão da democracia liberal comece a se acelerar e entremos em formas de governo cada vez mais autoritárias, ainda que nominalmente elas sejam consideradas democracias. Tais desdobramentos já aparecem em algumas democracias capitalistas na periferia da Europa Ocidental. Isso certamente pode acontecer também nas mais estáveis democracias liberais.

Mas essa não é a única possibilidade. O capitalismo, tal como existe hoje, não precisa ser o nosso futuro. A insatisfação popular com o capitalismo está se expandindo, mesmo que não tenhamos confiança quanto à viabilidade de um sistema alternativo. Esforços resilientes para escapar das depredações do capitalismo corporativo, construindo novas formas de organizar nossa vida econômica, podem ser vistos em toda a parte. E há esforços cada vez mais sérios para a criação de novas formações políticas, por vezes dentro dos partidos tradicionais de esquerda e, outras vezes, na forma de novos partidos. O potencial para a construção de uma base social mais ampla para uma política progressista de nova era já existe. As contingências dos eventos históricos e a agência criativa de ativistas e atores coletivos irão determinar se, no fim das contas, esse potencial irá se realizar.

Posfácio

Nas primeiras horas do dia 23 de janeiro de 2019, um dos maiores cientistas sociais de nossa era deu seu último suspiro. Erik Olin Wright morreu aos 71 anos, no auge de toda sua influência. Homenagens começaram a surgir, vindas de todos os cantos do mundo: de políticos e militantes; de colaboradores e colegas; de estudantes, tanto os mais antigos quanto os atuais; de pessoas que o conheciam e daquelas que não o conheciam. Foram feitos os mais diversos elogios a sua humanidade, bem como ao seu intelecto brilhante.

Erik havia passado os últimos dez meses lutando contra uma leucemia mieloide aguda, procurando equilibrar seu otimismo característico com um realismo inabalável. Mesmo sentindo que a vida ia lhe deixando, não parou de lutar em prol de um futuro melhor. Passou a escrever uma longa carta para seus netinhos; ficava preocupado que seus alunos estivessem sendo bem cuidados, tanto intelectual quanto materialmente; se preocupava com o futuro do seu departamento na Universidade de Wisconsin, que foi o seu lar acadêmico nos últimos 42 anos. Ele queria que o Havens Center, agora nomeado Havens Wright Center, vivesse mais que ele – um centro que Erik havia fundado e dirigido por 35 anos, sediando pensadores progressistas do mundo inteiro. E, claro, ele nunca deixou de explorar os possíveis futuros do capitalismo. Ele estava depositando a sua esperança em uma nova geração de socialistas, encorajados pela vibrante revista *Jacobin*, que publicou o seu artigo mais recente sobre anticapitalismo. E enquanto estava em seu leito de morte, ele ainda estava cheio de esperança com a ascensão de Alexandria Ocasio-Cortez e dos Democratic Socialists of America (DSA). Até seu último suspiro, Erik permaneceu um otimista e um utópico real. Tudo isso pode ser visto em seu comovente blog, em centenas de posts que acompanharam os altos e baixos dos seus últimos dez meses.

Antes mesmo de ter se tornado um marxista radical, quando estava em Harvard, Erik havia sido influenciado pelo funcionalismo estrutural e, quando estava em Oxford, pela sociologia política de Steven Lukes, bem como pela história social de Christopher Hill, obtendo diplomas em cada uma dessas instituições. Para fugir do alistamento obrigatório para a Guerra do Vietnã, se inscreveu no Seminário Teológico Unitarista em Berkeley. E foi lá que lançou seu próprio seminário sobre utopia e revolução – temas com os quais ele voltaria a se engajar vinte anos depois. Em 1971, ainda em Berkeley, Erik entrou no programa de doutorado do departamento de sociologia da Universidade da Califórnia. Naquela época, para muitos estudantes em Berkeley, marxismo e sociologia formavam um casamento bastante espinhoso, parceiros e ao mesmo tempo antagônicos. Ele e seus colegas começaram a construir seu próprio currículo paralelo, dedicados ao marxismo nas ciências sociais e conectados a revistas locais como a *Kapitalistate* e a *Socialist Revolution*.

O marxismo virava a sociologia de cabeça para baixo. O estudo das estratificações e dos *status* tornava-se o estudo das relações de classe. A sociologia política, com sua fixação sobre a democracia liberal, se voltava para teorias acerca do Estado capitalista e deixava de discutir a teoria do totalitarismo para se debruçar sobre o caráter de classe do Estado no socialismo; a sociologia econômica, por sua vez, deixava de lado as verdades inquestionáveis sobre a industrialização e se interessava, então, pelas dinâmicas do capitalismo; a teoria das organizações deixou de apresentar generalidades vazias para se debruçar sobre o estudo dos processos de trabalho no capitalismo; a sociologia da educação saiu do papel da pesquisa no aprendizado para discutir a reprodução das classes; a irracionalidade do comportamento coletivo foi substituída pela racionalidade dos movimentos sociais; estudos sobre preconceito racial e teorias cíclicas sobre raça estavam dando lugar aos estudos sobre opressão racial e colonialismo interno; a teoria da modernização era deixada de lado em prol dos sistemas-mundo e a crítica ao imperialismo; sob a batuta do feminismo socialista, a sociologia da família deixava para trás seu foco na sociabilidade e olhava para o trabalho reprodutivo, saindo da questão dos papéis de gênero para discutir a onipresença do patriarcado. Em suma, a teoria marxista substituiu o obscurantismo do funcionalismo estrutural; a crítica à sociedade norte-americana substituiu aquela sociologia apologética dessa própria sociedade. Em 1970, Alvin Gouldner antecipara corretamente a "vindoura crise na sociologia ocidental", mas o que ele não conseguiu antecipar era a renascença marxista da sociologia.

Erik teria um papel de destaque em todo esse excitante retorno da sociologia. Juntamente com seu grande amigo italiano Luca Perrone, que ele perdera em um trágico acidente de carro, desenvolveu seu famoso conceito de "situações contraditórias de classe" – posições de classe localizadas entre as três classes fundamentais, isto é, os capitalistas, os trabalhadores e a pequena burguesia. Esse conceito permitiu que os marxistas fossem além da relação binária capital-trabalho, incluindo também aqui

186 · Como ser anticapitalista no século XXI?

a pequena-burguesia, os pequenos empresários, gerentes, supervisores e trabalhadores autônomos. Apresentou ao mundo essa estrutura de classe repleta de nuances na principal revista marxista do mundo anglófono, a *New Left Review*, bem como na revista de sociologia mais proeminente e profissional da época, a *American Sociological Review*. Ele passou a elaborar uma reescrita totalmente marxista da sociologia em sua obra *Class, Crisis and the State* (New Left Books, 1978). Foi um livro que tomou de assalto aquela geração desobediente – uma combinação singular de inovação teórica, empirismo duro e argumentação lógica. Foi um tipo de marxismo nunca antes visto.

Sociologia e marxismo não eram só antagonistas, também eram competidores. E Erik procurou demonstrar que seu esquema de classes explicava melhor a desigualdade, em especial a de renda, do que os modelos sociológicos sobre estratificação, as teorias sobre capital humano usadas pelos economistas e até mesmo os conceitos marxistas empregados por Nicos Poulantzas, que estavam muito em voga naquela época. O sucesso de Erik ganhou um *momentum* próprio e logo em seguida ele obteve financiamentos para realizar pesquisas empíricas nacionais, criando mapas sobre a estrutura de classes e até mesmo mensurando a consciência de classe, inspirando projetos paralelos em mais de quinze países. Ele havia utilizado as ferramentas das ciências sociais para substituir os paradigmas convencionais com novas formas de pensar o capitalismo.

Ao mesmo tempo que Erik começou a medir a classe e seus efeitos, ele se juntou a um notável grupo de filósofos e cientistas sociais que se autointitulavam marxistas analíticos. Seu objetivo era livrar o marxismo de todo o tipo de papo furado – o que eles consideravam basicamente picaretagens filosóficas, saltos argumentativos e demais ilusões – e produzir uma ciência mais rigorosa,

Posfácio · 187

geralmente amparada pelo individualismo metodológico ou pela teoria da escolha racional. Mesmo depois, quando a maioria dos membros já tinha se afastado do marxismo, o *modus operandi* do grupo se manteve presente em tudo que Erik escreveu até os seus últimos dias. No início dos anos 1980, ele esteve bastante influenciado pelo trabalho de John Roemer, um contribuinte ativo desse marxismo sem papo furado, que havia desenvolvido uma inovadora teoria da exploração. Isso fez com que Erik pegasse suas ideias de "situações contraditórias de classe" e desenvolvesse uma conceitualização de classe focando na distribuição de diferentes recursos: força de trabalho, meios de produção, recursos organizacionais e competências. Se o feudalismo estava baseado na desigual distribuição da força de trabalho, o capitalismo estaria baseado na desigual distribuição dos meios de produção; o estatismo, por sua vez, seria baseado na distribuição desigual dos recursos organizacionais; e o comunismo, na desigual distribuição de competências. Isso se tornou o fundamento para um dos seus livros mais importantes, *Classes* (Verso, 1985).

Nessa época, Erik passou a trabalhar com sociólogos na União Soviética, que não queriam ficar para trás nos crescentes estudos comparativos sobre as estruturas de classes. Dessa forma, em 1986 eu e Erik fomos para Moscou e testemunhamos a reação dos acadêmicos soviéticos diante daquilo que deve ter sido, na visão deles, uma criatura muito fascinante: um marxista ocidental com um infatigável compromisso com a ciência. Nós nos reunimos com uma equipe soviética para desenvolver um instrumento de pesquisa empírica que pudesse ser usado paralelamente na União Soviética e nos Estados Unidos. Mas essas reuniões foram estranhas e frustrantes, pois nos deparávamos com disputas metodológicas primárias e precisávamos lutar para desenvolver questões que tivessem o mesmo sentido em ambos os países. No fim de nossa visita, Erik foi convidado para fazer uma palestra aos cientistas sociais da Academia de Ciências. Eu ainda me lembro das expressões de pânico e euforia na plateia – eram os anos da Perestroika e da Glasnost afinal de contas – conforme Erik ia detalhando a sua teoria sobre as classes. Eles puderam ver com muita clareza, conforme ele ia falando calma e resolutamente, com uma linguagem clara e afiada, que ele estava decididamente argumentando que a exploração organizacional estava presente no coração da ordem soviética. A palestra foi abruptamente interrompida.

Conforme os anos 1980 chegavam ao fim, Erik percebeu que estava cada vez mais preso ao seu sucesso e pelos seus métodos. Ele desenvolvera o que seus estudantes ironicamente chamaram de "marxismo de múltipla regressão", usando as últimas técnicas estatísticas para calcular a influência de posições de classe objetivas em várias questões de ordem subjetiva – tudo isso derivado de sua pesquisa empírica. O livro que culminou dessa pesquisa foi *Class Counts: Comparative Studies in Class Analysis* (Cambridge University Press, 1997). Ele escreveu no exemplar que deu para mim: "É, veja só onde foi parar a dialética revolucionária".

Erik nunca se libertou totalmente do programa de análise de classe iniciado por ele, mas em 1991 começou a percorrer uma nova jornada para estudar as utopias reais. Isso também foi profundamente influenciado pelo pensamento crítico e fundacional do marxismo analítico. A bolha marxista já havia estourado, o colapso da União Soviética supostamente anunciava o fim do marxismo – ainda que Erik tenha visto esse fenômeno como a libertação do marxismo da camisa de força imposta pela degeneração ideológica soviética. O capitalismo estava em alta no mundo ocidental, e Margaret Thatcher estava convencendo muita gente de que não havia alternativa. Erik passou a ver a máxima de madame Thatcher como um desafio capaz de forjar um novo marxismo – um marxismo capaz de desafiar a histórica hostilidade ao pensamento utópico.

A ideia era buscar formas institucionais amparadas na realidade, alojadas no interior do capitalismo e cujos princípios fossem contrários ao próprio sistema. Em colaboração com a revista *Politics and Society*, a qual ele havia se associado já em 1979, Erik passou a buscar autores que tivessem uma referência mais imaginativa para pensarem um mundo alternativo. Trabalhou junto com eles para elaborar sua própria noção particular de utopia real e passou a organizar conferências discutindo essa visão. A editora Verso publicou cada conferência em uma coleção, editada pelo próprio Erik. Até agora, temos seis volumes, que cobrem temas como: democracia associativista; socialismo de mercado; reformulações do igualitarismo; aprofundamento democrático; direitos de renda básica; igualdade de gênero. Quando Erik faleceu, ele estava trabalhando intensamente em um volume sobre economia cooperativa após ter dado conferências em países como Argentina, África do Sul, Espanha e Itália. As utopias reais se tornaram um projeto global.

Em 2010, a Verso publicou a obra-prima de Erik, *Envisioning Real Utopias*. Foram vinte anos de escrita que ele chamou de "um programa de pesquisa para uma ciência social emancipatória". Ele partiu de um diagnóstico sobre os males do capitalismo para, a partir deles, fazer um chamado para um mundo melhor, um socialismo que fosse ao mesmo tempo viável e tangível. Que não fosse mais baseado num ilusório colapso do capitalismo ou em uma forma tirânica de planejamento estatal, mas que buscasse restaurar o "social" do "socialismo" – ou seja, por meio do empoderamento da sociedade civil, primeiro contra o Estado (via questões institucionais, como orçamento participativo e assembleias de cidadãos) e depois contra o mercado (via programas sociais como a renda básica universal ou sistemas de cooperativas). Cada utopia real é examinada a partir de suas próprias condições de existência, de suas possibilidades de disseminação e de suas contradições internas.

No que dizia respeito à realização dessas utopias reais, Erik considerava que havia três formas de concretizá-las. A primeira era a transformação de ordem ruptural, a qual ele deixara de lado para favorecer as transformações simbióticas e intersticiais.

As transformações simbióticas, por sua vez, se referem ao caminho reformista, no qual as concessões de curto prazo, feitas para resolver as crises capitalistas, acabam plantando as sementes do socialismo. Um exemplo disso seriam as conciliações de classe, que incorporam a classe trabalhadora, mas gradualmente plantam a ideia de apropriação coletiva do capital – como no caso sueco, do plano Meidner-Hedborg. O bem-estar social de todos aumenta a possibilidade de se criar um plano de renda básica universal, que, por sua vez, criaria espaços para gerar formas alternativas de produção ao mesmo tempo que desafiaria o poder capitalista nos locais de trabalho.

Já as transformações intersticiais se referem ao desenvolvimento de instituições alternativas dentro dos arranjos existentes na sociedade capitalista, tais como cooperativas ou projetos de colaboração *peer-to-peer* no mundo digital. As bibliotecas públicas e a Wikipédia eram algumas das utopias reais favoritas de Erik.

Ele originalmente queria que *Envisioning Real Utopias* fosse dirigido para um público mais amplo, mas ele teve de debater com seus críticos e, conforme isso acontecia, o livro foi ficando cada vez mais volumoso e complexo, focando um público cada vez mais especializado. Mas, conforme ele foi promovendo suas palestras em vários países, ao falar do livro ele passou a sentir crescer o interesse no ativismo político. Isso era algo novo e excitante. E, assim, ele passou a escrever uma nova versão, que seria resumida em dois volumes: o primeiro, um manual de alcance popular; o segundo, um debate acadêmico mais tradicional. Erik começou a escrever o primeiro volume em 2016 e, quando recebeu o diagnóstico de leucemia, já tinha quase tudo pronto, exceto o último capítulo.

Como ser anticapitalista no século XXI? reconstrói, com uma linguagem sucinta e incisiva, muitos dos argumentos de *Envisioning Real Utopias*, mas também representa uma mudança na forma de pensar do autor. Erik começa o livro de forma direta, lançando quatro teses: 1) Um outro mundo é possível; 2) Ele poderá melhorar as condições para o desenvolvimento humano da maioria das pessoas; 3) Elementos que constituirão esse mundo já estão sendo criados; 4) É possível chegar lá. Assim como em *Envisioning Real Utopias*, ele começa seu livro a partir de um diagnóstico sobre os males do capitalismo, mas em vez de listar os defeitos de forma arbitrária, organiza a sua crítica contra o sistema capitalista por meio da violação de três pares de valores específicos: igualdade/justiça, democracia/liberdade e comunidade/solidariedade. Postos em conjunto, eles se tornam a fundação normativa para um socialismo democrático.

A partir desse ponto, ele volta sua atenção para as lógicas estratégicas do anticapitalismo. E, novamente, faz essa apresentação de uma nova forma, diferente do que fizera no livro anterior. Aqui, Erik deixa de lado a ideia de "destruir o Estado" – pois você nunca consegue criar algo novo a partir das cinzas do que é velho –, mas passa a adotar a ideia de "desmantelar o capitalismo" (instalar elementos socialistas de cima para baixo) e "domesticar o capitalismo" (neutralizar seus efeitos mais terríveis). Essas estratégias de cima para baixo são complementadas com as estratégias de baixo para cima: "resistir ao capitalismo" e "fugir do capitalismo". É a articulação dessas quatro estratégias que permite que ele pense numa síntese que ele chamou de "erodir o capitalismo" – que é uma reformulação sua para a questão da transição rumo ao socialismo democrático.

Vivemos em um ecossistema capitalista, composto de várias organizações e instituições capitalistas, mas também não capitalistas. É claro, as relações capitalistas são dominantes, mas elas não monopolizam completamente o ecossistema. A transição rumo a um socialismo democrático envolve, portanto, o aprofundamento dos elementos não capitalistas, procurando transformá-los em elementos anticapitalistas – o que inclui: Renda Básica de Cidadania, que cria espaços para outras formas de produção se desenvolverem, como as economias solidárias e cooperativas; enfraquecimento do capital por meio da democratização das empresas e a criação de bancos públicos; organizações econômicas sem fins lucrativos, como a provisão de bens e serviços públicos por parte do Estado e as produções colaborativas *peer-to-peer*.

Essa estratégia de erosão, que envolve a rearticulação de diferentes pontos constitutivos do ecossistema capitalista, necessariamente envolve o Estado, entendido aqui como o cimento que une toda uma formação social. Nesse ponto, Erik se afasta de visões marxistas mais ortodoxas que ora veem o Estado como objeto coerente utilizado pela classe capitalista, ora como um sujeito coerente que sempre age em prol dos interesses capitalistas. Ele acaba, por sua vez, apresentando um Estado capitalista heterogêneo, uma entidade contraditória internamente, capaz de refletir a diversidade do ecossistema capitalista. Há fissuras e tensões que são parte inerente desses agentes e elas podem atuar como alavanca para aprofundarmos a democracia.

Mas depois de ter sido diagnosticado com câncer, Erik ainda tinha que terminar o último capítulo, o mais difícil deles, pois envolvia lidar com a questão que todos lhe perguntavam. Afinal, quem irá forjar o caminho para chegarmos a um socialismo democrático? Assim

Posfácio · 193

como Marx, que morreu enquanto se questionava sobre as classes, os últimos meses de Erik foram de uma luta constante sobre a questão da agência humana. Ainda que ele tenha sido bastante claro quanto ao fato de que o socialismo democrático não poderá existir sem lutas coletivas, ele não menciona nenhum agente específico ou mesmo uma combinação particular de agentes. Em vez disso, analisa as condições para realizar essas lutas – a importâncias das *identidades* que podem forjar solidariedades, *interesses* que levam a objetivos realistas e *valores* capazes de criar unidade política ao redor de múltiplas identidades e interesses. Mas ele não conseguiu identificar nenhum agente específico de transformação.

Aqui está a resposta para o enigma da obra de Erik Wright: o movimento de uma análise de classe sem utopias em direção às utopias sem análise de classe. *Como ser anticapitalista no século XXI?* nos oferece uma resposta a essa charada. Uma coisa é ser anticapitalista, conforme ele afirma, mas outra bem diferente é ser um socialista democrático. A luta de classes pode contribuir na formação do primeiro, mas é inadequada para o segundo. Naquilo que Marx considerava ser uma polarização de classe inevitável e que, por sua vez, levava a uma coincidência mágica entre a derrubada do capitalismo e a construção do socialismo, Erik trabalha com as conclusões de sua própria análise sobre as classes, percebendo que ela é, em si, muito fragmentada e limitada enquanto força social capaz de construir algo novo. Se a ideia de "erodir o capitalismo" não nos levar à barbárie, e sim ao socialismo democrático, então essa transformação irá exigir uma visão moral que propulsione as lutas por um mundo melhor. Para isso, ele ampara três valores específicos: igualdade, democracia e solidariedade.

Mas quem irá incorporar esses valores? Uma das características mais notáveis de Erik era a sua capacidade de persuadir os outros por meio de argumentos lógicos.

194 · Como ser anticapitalista no século XXI?

Célebre pela velocidade e pela clareza da sua mente, tinha um público bastante raro nos meios acadêmicos, composto por ativistas que entendiam que as utopias reais das quais ele falava eram uma afirmação de seus árduos projetos. Dotado de uma capacidade ilimitada de botar suas ideias em prática de forma precisa e simples, sem com isso diluí-las, Erik dava aos militantes uma visão de projeto coletivo para o qual cada um poderia contribuir. Dado o ressurgente interesse em "socialismo" entre a nova geração de pensadores e ativistas, foi aumentando sua quantidade de seguidores. Ainda que ele não esteja mais entre nós para fazer a defesa do socialismo pessoalmente, há ainda muitos de seus vídeos no YouTube e, agora, temos um poderoso manifesto em *Como ser anticapitalista no século XXI?*. Diferentemente do *Manifesto Comunista*, aqui não há nenhuma profecia ou suposições sobre quem vai construir um mundo melhor – ou seja, mais igualitário, mais democrático, mais solidário –, mas sim um texto que irá influenciar e inspirar ativistas a forjar um novo tipo de socialismo. As fantasias reais que Erik destaca irão criar os próprios agentes de sua realização.

O último livro de Erik me lembra um clássico da sociologia. Émile Durkheim encerrava seu texto canônico, *Da divisão do trabalho social* (1893), com as seguintes palavras:

> Em suma, nosso primeiro dever atualmente é criar uma moral. Tal obra não poderia ser improvisada no silêncio de um gabinete; ela só se pode erguer por si mesma, pouco a pouco, sob a pressão das causas internas que a tornam necessária. Mas a reflexão pode e deve servir para assinalar o objetivo que se deve alcançar. Foi o que procuramos fazer.[1]

---

[1] Émile Durkheim, *Da divisão do trabalho social* (São Paulo, Martins Fontes, 1999), p. 432.

Durkheim defendia variações dos mesmos valores que Wright – tais como liberdade, justiça e solidariedade – por meio de objetivos a serem atingidos por algum tipo de socialismo mais corporativista. Mas o sociólogo francês não oferecia nenhuma compreensão sobre como o socialismo se concretizaria porque, no fim das contas, ele nunca compreendeu, nem tampouco estudou, o tipo de obstáculo que o capitalismo constituía. Ao problematizar o capitalismo e as estratégias para a sua transformação, delineando instituições concretas que poderiam nos impulsionar, Erik Wright nos deixou como legado um marxismo que apontava para a conclusão final e, ao mesmo tempo, para uma crítica derradeira da sociologia, ou seja, a formulação de um projeto prático e teórico que convidaria todas as pessoas para a construção de um mundo melhor.

Michael Burawoy
Maio de 2019

OUTRAS PUBLICAÇÕES DA BOITEMPO

O futuro começa agora
BOAVENTURA DE SOUSA SANTOS
Apresentação de **Naomar de Almeida-Filho**
Orelha de **Ruy Braga**

Interseccionalidade
PATRICIA HILL COLLINS E SIRMA BILGE
Tradução de **Rane Souza**
Orelha de **Winnie Bueno**

O manifesto socialista
BHASKAR SUNKARA
Tradução de **Artur Renzo**
Orelha de **Victor Marques**

Minha carne
PRETA FERREIRA
Prefácio de **Juliana Borges**
Posfácio de **Conceição Evaristo**
Orelha de **Erica Malunguinho**
Quarta capa de **Angela Davis, Allyne Andrade
e Silva, Maria Gadú e Carmen Silva**

O patriarcado do salário
volume I
SILVIA FEDERICI
Tradução de **Heci Regina Candiani**
Orelha de **Bruna Della Torre**

Rosa Luxemburgo e a reinvenção da política
HERNÁN OUVIÑA
Tradução de **Igor Ojeda**
Revisão técnica e apresentação de **Isabel Loureiro**
Prefácio de **Silvia Federici**
Orelha de **Torge Löding**
Coedição de **Fundação Rosa Luxemburgo**

ARSENAL LÊNIN

Conselho editorial: Antonio Carlos Mazzeo, Antonio Rago, Augusto Buonicore, Ivana Jinkings, Marcos Del Roio, Marly Vianna, Milton Pinheiro e Slavoj Žižek

O que fazer?
VLADÍMIR ILITCH LÊNIN
Tradução de **Edições Avante!**
Revisão da tradução de **Paula Vaz de Almeida**
Prefácio de **Valério Arcary**
Orelha de **Virgínia Fontes**

BIBLIOTECA LUKÁCS

Conselho editorial: José Paulo Netto e Ronaldo Vielmi Fortes

Essenciais são os livros não escritos: últimas entrevistas (1966-1971)
GYÖRGY LUKÁCS
Organização, tradução, notas e apresentação de **Ronaldo Vielmi Fortes**
Revisão técnica e apresentação de **Alexandre Aranha Arbia**
Orelha de **Anderson Deo**

ESCRITOS GRAMSCIANOS

Conselho editorial: Alvaro Bianchi, Daniela Mussi, Gianni Fresu, Guido Liguori, Marcos del Roio e Virgínia Fontes

Odeio os indiferentes: escritos de 1917
ANTONIO GRAMSCI
Seleção, tradução e aparato crítico de **Daniela Mussi** e **Alvaro Bianchi**
Orelha de **Guido Liguori**

MARX-ENGELS

Conselho editorial: Jorge Grespan, Leda Paulani e Jesus Ranieri

Dialética da natureza
FRIEDRICH ENGELS
Tradução e notas de **Nélio Schneider**
Apresentação de **Ricardo Musse**
Orelha de **Laura Luedy**

MUNDO DO TRABALHO

Coordenação de Ricardo Antunes
Conselho editorial: Graça Druck, Luci Praun, Marco Aurélio Santana, Murillo van der Laan, Ricardo Festi, Ruy Braga

Uberização, trabalho digital e Indústria 4.0
RICARDO ANTUNES (ORG.)
Textos de **Arnaldo Mazzei Nogueira, Cílson César Fagiani, Clarissa Ribeiro Schinestsck et al.**

Publicado em outubro de 2019, quarenta anos depois da morte do cartunista Al Capp, criador do personagem favorito de Erik Olin Wright, o Shmoo, ao qual ele amplamente recorria como parábola política para ilustrar suas "utopias reais", este livro foi composto em Chaparral Pro, corpo 11/13,5, e reimpresso em papel Avena 80 g/m² pela gráfica Lis, para a Boitempo, em março de 2021, com tiragem de 2 mil exemplares.